JN181784

ドリーム・ワークプレイス

DREAM WORK PLACE

だれもが「最高の自分」になれる
組織をつくる

ロブ・ゴーフィー｜ガレス・ジョーンズ＝著
森 由美子＝訳

Why Should Anyone Work Here?
What It Takes to Create an Authentic Organization

英治出版

偉大なる師であり、メンターであり、友人である
ジョン・W・ハントにささげる

Why Should Anyone Work Here?

by Rob Goffee and Gareth Jones

Original work copyright © 2015 Rob Goffee and Gareth Jones
Published by arrangement with
Harvard Business Review Press, Watertown, Massachusetts
through Tuttle-Mori Agency, Inc., Tokyo

DREAM WORKPLACE

目次

※原注は番号を振って巻末に記載
※訳注は〔　〕内に記載

序 章

なぜここで
働かなければならないのか？

「夢の組織」を思い描く

Introduction
Why Should Anyone Work Here?

ここに、ひとりの若くて有能なプロダクトデザイナーがいる。独特の視点で物事を捉え、非凡なスキルを持っているにもかかわらず、アイデアが風変わりすぎるため、計画に従うべきだと上司から繰り返し諭されている。彼女は今、転職先をインターネットで調べ始めている。

ここに、頭が切れる野心家の中間管理職がいる。上司や他の幹部たちが戦略をきちんと伝えてくれないことに、苛立ちを深めている。現実に何が行われているかを知らずに、どうやって部下をうまく管理できるというのだろうか?

ここに、消費財を扱う大企業の経験豊富なマーケティング担当者がいる。自分の仕事に対して、より大きな目的と意義が欲しいという気持ちが強い。彼女はそれを今の会社で見つけられるかどうか、疑問に思っている。

ここに、進歩的な専門サービスを提供する大企業の新入社員がいる。これまでの新人研修がとても励みになっているし、今後の自分のキャリアをこの組織がどのように支援してくれるのだろうと考えながら仕事に来ている。

パフォーマンスが高く、成功している組織には「強力な」カルチャーがあり、それに適合する人と、適合しない人がいるというのが、私たちのかつての考え方だった。しかしパラダイムは変わりつつある。もはや組織がすべての切り札を持つわけではなく、あらゆるルールを命令できる力もない。反対に、企業のほうが、入社してほしい人材のニーズと要望に適合しなければならないことに気づき始めている。高いパフォーマンスを維持するには、組織の習慣となっているパターンやプロセスを、まさに一からつくり変えることが必要だとわかったのだ。

こうしたパターンやプロセスはどうあるべきなのだろう？　**世界で一番働きたいと思う組織の設計を、あなたが求められたと想像してみよう。**その組織は、有能な人材を引きつけて留まらせる灯台のようなところだろう。つまり、社員と会社そのものから、常に一番良いところを引き出す場となる組織だ。どんな会社だろうか？　それをどうやって築き、維持するのだろうか？

今、このように職場を捉え直すことが、早急に求められている。多くの国で失業率が高まり、労働力人口の年齢幅が前代未聞の四世代に広がっているにもかかわらず、私たちは世界全体で有能な人材が不足する事態の真っただ中にいる。[1] 二〇一三年にアメリカで実施された調査では、雇用主の三分の一が、熟練を要する職業の労働者、エンジニアや機械工、販売職、管理職や幹部など、さまざまな職種のポジションを埋めるのに苦労していると報告されている。[2] さらに、現代の企業が認識しているのは、社員争奪戦の相手は他の企業だけでなく、数々の技術進歩のおかげで、優れた人材が企業から飛び出して独立しやすくなっている状況である、ということだ。

これに関連して、ヤフーやベスト・バイ、ヒューレット・パッカードなどの企業も見てみよう。より窮屈で柔軟性が「低い」方向に、職場の舵を切った企業である。一部の企業は、危険に備えて防御を固め、在宅勤務者をオフィスに呼び戻すことによって、企業カルチャーとソーシャルな構造を強化し、成果を上げていない社員を一掃したいと考えている。しかし、ここに課題がある。企業が最もスキルの高い社員をオフィスに連れ戻し、最高の人材をさらに引きつけ続けたければ、もっと満足できる職場をつくったほうがよい。そして、答えるのが難しいこの問いについて、考え続けたほうがよいだろう。「なぜここで働かなければならないのか?」と。

リーダーシップをテーマとする私たちの前著では、別の問い「なぜ、あなたがリーダーなのか?」をぶつけ、有効なリーダーシップを実践するには「本物《オーセンティック》」であることが必要条件だと論じた。[3] 簡単に言えば、私たちは現在の向上心に燃えるリーダーたちに「自分自身に忠実であれ」と勧めている。このメッセージは幅広い共感を呼んだ。しかし、出版してからの数年間、次のような意見をよく耳にした。「組織が本物だと実感できれば、私も本物のリーダーとしての行動をとる」。ということは、理想の組織、あるいは本物の組織は、社員が「最高の自分」になれるように、後押しをしなければならない。そこで私たちは、最初の問いに立ち戻る。「世界で一番働きたいと思ってもらえる組織を、どうやってつくるのか?」

これこそが、本書のテーマだ。しかし、本物の組織とは何かについて説明を始める前に、いかに組織が長期間にわたって「本物でないこと」の温床であったか、そして企業を取り巻く状況がどのように変わりつつあるかについて少し述べる。

組織はどう変わり、どんな不満が募っているのか

ちょっとした歴史の話から始めよう。一九五〇年代から一九六〇年代の「組織人」の時代から、私たちは実に遠くまで来たものだと思う。その頃は、自分を企業の型にうまくはめ込むことが、目標であり理想だった。少し時間を取って、自分が知る限りの有能な人々を思い浮かべてみよう。多くは仕事でいわゆる「成功」を収めているだろう。その中でも、大きな組織に入りたがらない人たちのことを思い浮かべてみてほしい。その人は、大きな組織とは、よそよそしくて束縛が強く、悲しくなるほど体制順応的だと考えている。

工業化時代の組織生活〔組織学用語。組織内における日々の生活を指し、「日常生活」と対比して用いられる〕の苦労は、マックス・ウェーバーやヨーゼフ・シュンペーター、その他の二〇世紀の思想家や批評家のおかげでよく知られている。しかしこの時代を過ぎて二一世紀に入ると、組織に対する不満はさらにくっきりと明らかになった。イギリスにある金融系シンクタンクの

ニュー・シティ・アジェンダは最近、銀行業界の調査報告書をまとめた。そこでは、銀行の幹部たちは倫理の羅針盤を失い、気がつけば命令に無批判に従っていると結論づけられている。[4]二四万人を雇用する香港上海銀行（HSBC）は、「善良な人でも生き残るために、悪いことを起こるに任せてしまうような組織バイアス」があることを認めている。[5]

今でも多くの人が、どこで働くか、何を仕事にするかについて、本当の意味での選択肢はないと感じている。エミール・デュルケームがおよそ一〇〇年前に説明したとおり、私たちが生きているのは、今でも、強制的分業とアノミー〔無規範、無規制〕的分業が混ざっているという特徴を持つ世界だ。強制的分業とは、既存の社会構造や労働市場の条件によって職業が決まってしまうことを指し、アノミー的分業とは、経済制度が倫理規制を欠いている状況を指す。

こうした社会構造が定着しているにもかかわらず、根本的な変化が私たちの周りのいたるところで起こりつつある。パラダイムは、すでに転換し始めている。組織のニーズに合わせてほしいと個人に頼んだり強制したりするよりも、適切な人材を引きつけ、彼らに働き続けてもらい、刺激を与えて最高の仕事をしてもらえるように、組織のほうが適応し、自らを変えなければならない。現代の企業は、そこに気づき始めている。どんな状況がパラダイムを変えたのだろうか？　私たちは四つの主要な要因を見つけている。

新たな仕事の世界

第一に、資本主義のあり方が変わりつつある。近年、根本を揺るがす問題が明らかになってきており、それが最も顕著に現れたのが、二〇〇八年に起こった金融危機である。このとき、私たちはグローバルな金融資本主義をコントロールできないことが、はっきりと露呈したのだ。現在の企業の目的や組織構造を考えると、この危機によって立ち現れた根深い問題の解決にはほど遠いというのが、私たちの見解だ（歴史的な観点で言うと、J・M・ケインズが『雇用・利子および貨幣の一般理論』を発表したのは、一九二九年の大恐慌の七年後だった）。この金融危機について、経済学者はいまだに困惑している。はっきりしているのは、このような問題は規制だけでは解決できないということだ。

組織は、自社の倫理観を、もう一度しっかり見直さなければならない。現在行われているコーポレート・ガバナンスに関する活発な議論は、この問題を反映したものだ。アメリカ型のモデルもヨーロッパ型のモデルも、十分ではなかった。しかし、組織のあり方を問い直すこと自体は、資本主義を根本的に変えるのに重要な役割を果たすはずだ。実際、個人が組織との関係を（契約内容を含めて）見直すようになってきており、それが社会の変化に大きく関わっている。個人の組織に対する要求は強まる一方である。暮らしを立てるという基本的な要求を超えて、さらなる説明責任、さらなる自己表現と能力開発の機会、さらなる透明性、さらなる即応性を求めているのだ。[6]

第二に、経済大国のあり方が世界的に変化している。数年以内に、中国、インド、韓国、インドネシア、ブラジル、ロシア、南アフリカなどの新興国市場が世界の成長のおよそ七〇%を占め、中国とインドだけでも四〇%を占めることがすでに明らかだ。その中で、資本主義的企業が、実はさまざまな形態をとりうるということが認識されるようになった。例えば、世界で最も成長が速い資本主義国である中国は、中国共産党の中央委員会が統制していることを考えてほしい。さらに、イギリスの大手銀行二社については、半分以上が国の出資だ（社会民主主義が数百年かけてできなかったことを、経済危機がやってのけた！）。そして、当初は有望でなかったのに成長を持続させ、とてつもない記録を打ち立てたシンガポールは、典型的な資本主義社会にしか見えない。しかし、最も影響力のあるいくつかの組織の所有構造を詳しく調べれば、国が強烈に関与していることがはっきりとわかるだろう。

このどれもが、私たちが過去に期待していたものとは少し違う形態だ！　自由資本主義が世界を支配し、「歴史の終わり」（政治経済学者フランシス・フクヤマが提唱した、民主主義と自由経済が最終的に勝利し、人類の政治的進歩が最終段階に至るという仮説）を構成するだろうと人々が考えていたのは、そんなに遠い昔のことではない。[7]組織は今や複雑性と多様性からなる世界に直面しており、昔は確実とされていたことが根底から揺るがされている。

個人のレベルでは、雇用とキャリアに関する古い仮説はもはや効力を持たないが、新しい流行を明確に見定めるのは難しい状態だ。コミュニティに属したいという願望はこれまでと同じくらい強いと思われるが、そのコミュニティの性質そのものが変化しつつある。特に企業コミュニティはますますグローバルに、多文化に、そして少なくともいくつかの点ではバーチャルになっており、属する人たちはかつてないほど頻繁に入れ替わっていく。この重大な変化の結果、コミュニティはよりダイナミックで多様になり、その中では知識と権力がさらに広く分散されている。

第三に、技術と科学の変化のスピードが歴史上かつてないほど速くなっており、私たちを取り巻く状況を変えてしまった。ナノテクノロジー、遺伝学、神経生理学、バイオテクノロジーが、世界をすっかり変えるだろう。そしてもちろん、ソーシャルメディアの飛躍的な拡大と、ビッグデータの分析技術の向上は、それ自体が、急激な変化をもたらす大きな力となる。「第二次機械化時代《セカンド・マシン・エイジ》」によって、高付加価値で裁量の多い仕事が急速に拡大し、同時に低水準・低スキルの仕事も拡大したことにより、中間層が圧縮されて、「空洞化した労働市場」を生み出しているという主張もある。[8] この職業構造の最下層の生活は、とても不公平に感じられるだろう。さらに進んで、経済活動の中心的役割を、企業に取って代わってプラットフォームが担いつつあるという主張もある。[9] 企業によるこうした根本的な問題への取り組み方には、文化間でばらつきがあるかもしれない。しかし、インターネットの存在は、組織を判断する基準がますますグローバルになることを意味している。こうした技術はコミュニケーションのあり方を大きく変えているため、透明性は単に「あればいい」というレベルではなく、むしろ組織が果たすべき責務になった。いくぶん逆説的だが、グローバル化によって、私たちはこれまで以上に「違い」を認識するようになる一方で、「つながり」はますます増えるのだ。

第四に、多くの成熟した国々は、人口構造上の時限爆弾を抱えている。高齢化により増大する将来の年金の財源をどうするか、という現実的な問題がある。また、社会的な問題も存在する。高齢者の大幅な増加は、認知症や糖尿病などの加齢に伴う身体的・精神的問題の治療にかかる医療費の上昇を意味する。一方の若年層については、失業率が高止まりすることによって、不満や疎外感を抱いた世代が誕生する可能性がある。働くという社会経験を持たない若者は、うつや依存症といった精神衛生上の問題を抱えるかもしれない。仕事を見つけた者であっても、「何を望むか」が以前とは変わっている。世代別調査が示すとおり、少なくとも、社員と組織の間の心理的契約〔雇用主と被雇用者がお互いに何を求めるかについての合意〕はかなり変化している。多くの国で、二〇二〇年までにジェネレーションY〔一九七五年から一九八九年までに生まれた世代〕が労働人口のおよそ五〇%を構成するようになるという兆候が出ている。あまり一般化はしたくないが、この集団で「組織人」が絶滅したことは明らかだ。若い被雇用者が惹かれるのは、価値観に共感できる組織だ。しかしこの傾向は若い人だけのものではない。中年層の中間管理職たちが、「企業が都合よく解釈を加えること」にますます幻滅を深めていることを、私たちはもうかなり前から知っている。[10]

　多くの人が、組織は周囲の環境ほど速く変化しないと主張している。しかし、実のところは、資本主義は大きな変貌を遂げることが驚くほどうまい。商業資本主義から産業資本主義へという動き、株式会社の隆盛、金融資本主義の発展、グローバル企業の発達――これらすべてが、まるでカメレオンのような、資本主義が持つ性質の証しだ。

　私たちの考えでは、企業組織もこの性質を持っている。そしてそのことが、楽観的になれる根拠だ。人間は、自分が信じる組織の中では、しっかり仕事をしたいと考えるものだ。仕事の能力が生物としての種を区別するという考え方がある。より高等な霊長類の中でも、組織の中で働き、そこから大きな満足を得る能力を持っているのは、人間だけだ。しかし、満足できるという潜在能力が発揮されずに終わることがあまりに多く、それが個人と組織、両方の損失となっていた。

　では、どんな組織であればこの満足を届けることができるのだろうか？　最近の著書で、私たちは「賢い人たちに、自分の才能を表現し、開発する許可を、自由を、環境を、カルチャーを用意し、その人に必要な訓練を与えることができれば、もうそれ自体が成功である。（略）その可能性を解き放つことが、『賢い経済』における課題なのだ」と論じている。[11] もしそれに失敗すれば、私たちは満たされず、不安を抱き、腹を立てて逃げるような人になり、生産性が低く、団結力のない、強くもない組織だけが残るだろう。

ここまで言及してきた課題と機会に応えられるのは、具体的には誰なのか？ それができるのは組織だけだ。しかし、もちろん組織そのものは行動しない。むしろ、組織の世界とは、その中にいる個人の行動を通して、つくられたりつくり直されたりするものだ。エピクロス〔古代ギリシアのヘレニズム期の哲学者〕は、歴史の適切な主題は、現実世界で活動している個人の行動だと言った。実際的な言い方をすれば、組織は行動しないかもしれないが、機会と制約を提供する。組織が果たすべきなのは、自由の度合いを最大にすることと、不必要な制約を完全になくすことである。これはリーダーだけの仕事ではなく、組織全体のひとりひとりの仕事でもある。私たち全員で共有する課題は、本書の核心となる問いを考えるだけでなく、答える手助けをすることでもある。

なぜここで働くのか？

もちろん仕事中にいつもいつも、この問いと向き合っているわけではない。しかし、心にふとこれが浮かんだとき、または組織の本質（やリーダーの本質が）があからさまになるような出来事が発生したときに、その組織で働く動機が浮かんでくるものだ。組織を選ぶ動機にはいくつかの種類がある。

「私がここで働くのは、物事の進め方が好きだからです。価値観やカルチャーが好きなのです」。「カルチャー」というと、ややセンチメンタルだと感じる人もいる。カルチャーの各側面を定量化するのが難しいからだ。しかし、カルチャーにはしっかりとした実体がある。カルチャーがあるから、その組織は他とは違う場所になる。そして、多くの人が気づき始めているとおり（そして本書が後で説明するとおり）、競争優位を長期的に生み出す源になることがある。組織の成功の主な要素は何かと質問されて、「カルチャー」と答える人は多い。トム・ピーターズとロバート・ウォータマンの『エクセレント・カンパニー』（英治出版）がこの言葉を現代に知らしめて以来、多くの人がそう考えている。カルチャーは当時、経営者の間でブームになったが、実は今でも廃れていない。というのも、本質的に重要だったからである。おそらく問題だったのは、実際には良いカルチャーが多くあるはずなのに、「最も良いカルチャー」をひとつだけ定義しようとする、多くの

（そして賢明でない）試みだ[12]。本書で挙げる例と洞察を読めば、組織の成功を持続させるためにカルチャーがどれだけ重要な役割を果たすかを、再認識することになるだろう。そしてカルチャーを構築する方法の中に、役立つ教訓が見つかるだろう。

「私がここで働くのは、勝てるからです。組織のパフォーマンスが高いからです」。人は勝つ組織に惹かれるのだと、私たちは何年も前から聞かされてきた。その勝利が、マーケットシェアであろうと、利益であろうと、長期的な成長であろうと、どんな測定基準によるものであっても、だ。社員が自分のチームや組織の成功を誇りに思うことは、驚くにあたらない。ここにあるリスクは、いかなる代償を払っても勝とうとする人間を称賛するようになることだ（二〇〇八年の経済危機以前の、エンロンやウォールストリートの企業を考えてみよう）。その結果、組織の成功を測る旧来の基準や、成功するまでのやり方について、私たちは根源的な疑問を抱くことになる。

「私がここで働く理由は、企業の評判、イメージ、価値提案《バリュー・プロポジション》です。このブランドが、私のいるべき場所はここだと確信させてくれるのです」。この「企業のブランド」という答えは、現在の社員だけでなく、将来社員になる可能性のある人たちに私たちがどう映るかを考えなければならないことを、うまく気づかせてくれている。言い換えれば、外の世界について考えるということだ。しかし、どんなブランドであっても浮かび上がるのは、「そのブランドは約束を果たすか?」「イメージと現実は一致しているか?」という問いだ。ここで誤ると、問題が生じることになる。薬害事件に発展したイーライリリー社のオラフレックス、メルク社のＶｉｏｘｘを覚えているだろうか? グーグルやアップルなど、現在では格好のいい流行の職場でさえ、インターネットの発達によって表面化した、人々の評判すなわち「評価資本」が脅威にさらされる状況に対する免疫は持っていない。ソーシャルメディアのようなテクノロジーのおかげで、透明性が急速に高まっている現在、企業の評判は、かつて想像できたよりもずっと重要になる一方で、脆弱になってもいる。

「私がここで働くのは、夢中になって、エネルギーにあふれ、極めて大きな貢献ができる仕事ができるからです」。この答えは、「エンゲージメント（仕事に対する貢献意欲）」と関係がある。これは、最近広く使われるようになって、新たな論争の火つけ役となった言葉だ。ただし実際には、動機づけや公正さ、信頼、雇用関係の性質といった長期的な課題を指す言葉である。私たちは皆、自分の組織をこうした課題に照らして常に採点しているようなものだが、心の中だけで採点しているときでさえ、結果は残念なことが多い。

本書の初期の構想をGEクロトンビル〔正式名称はジョン・F・ウェルチ・リーダーシップ開発研究所で、GEが開設した企業内経営大学院〕のある上級幹部に話したとき、彼は私たちに好意的なメモを書いてくれた。彼の見解によると、私たちは「エンゲージメント（貢献意欲）についての議論」を始め、その議論を何段階か高いレベルに引き上げたということだった。しかし実際のところ、私たちはそのような議論をしようとしているわけでも、組織がいかにして社員を「エンゲージ」できているか、あるいはできていないかについて論じているわけでもない。

世界で最高の職場は何かと考えることは、実は「組織はいかにありうるか?」を問うているのと同じだ。私たちは、新しいタイプの答えを心に描いている。GEの幹部が考えもしないような答えだ。それは、「私がここで働くのは、ここが夢の組織だから」だ。「夢」という言葉で私たちが意味するのは、この世のものとは思えないような幻想や幻覚の類いではない。私たちが意味しているのは、前向きな理想であり、組織がそうありうる理想の姿である。つまり「本物の」組織だ。

夢（DREAMS）を描いてみる

本書では、現在と未来の組織が、どんな可能性を秘めているか、臆せずどんどん見ていくことにする。私たちは「『世界で最高の職場』とはどんなところだろうか?」という問いの答えを探している。弁明はしないが、実は本書で挙げた組織の中で、この最高の状態に完全に達したところはひとつもない。それでも私たちがそれらの組織を調べ、取り上げたのには理由がある。新たな状況の課題に対して何らかの形で敏感であり、「夢(DREAMS)」の組織の原則の少なくともひとつ以上の達成に向けて努力していると思ったからだ。すべてを解決した組織はひとつもない。他より魅力的な特性があるとすれば、彼らのほとんどがそれを理解していると思われることだ。そのうえで、彼らは理想をかなえようと努力と試行を絶えず続けている。その姿から多くの示唆を得られるだろう。

私たちは、職場の中で、「場所」という概念が重要だと考えている。議論の余地はあるかもしれないが、「ナレッジベースの経済」、または私たちが近著で示した「賢い経済」においては、あまり直接的に部下を奮起させるのではなく、むしろ部下が「本物の」こだわりを追いかけられるような環境を調整したり、つくったりすることが、リーダーとしての新しい仕事である。現代のリーダーシップでは、誰がリーダーで、何を考え、何を行っているかと同じくらい、仕事や場所が本物であることが重要なのかもしれない。

不思議なことに、自分の仕事と働く場所を楽しんでいる人が最も生産性が高いということを、私たちはおよそ一五〇年前から知っている。急進的社会主義者のウィリアム・モリスから、見識ある資本主義者のウィリアム・ヘスケス・リーバに至るまで、多様な進歩的思想家が、素晴らしい職場をつくることによって創造性と生産性の両方が自由に解き放たれると論じた。このテーマは、ハーズバーグやマズローの理論のような古典的な経営理論に取り入れられており、高い満足度が高いパフォーマンスにつながるとしている。こうした考えは、現代においても、エンゲージメント（貢献意欲）の概念の中で見ることができる。社員の意欲が高い企業は、最も意欲が低い企業よりも、社員の定着率で五四％、顧客満足で八九％、収入の増加で四倍、成績が優れている。[13] それなのに多くの組織はわざわざ、仕事をよそよそしく、イライラさせる、楽しくないものにしているようにすら見える。

世界中の社員のエンゲージメントについて、悲しくなるほど低い数字を見てみよう。最近エーオン・ヒューイットが実施した調査によると、世界平均で一〇人に四人の労働者が「意欲がない」と答えた（南米で一〇人に三人、アメリカで一〇人に四人、ヨーロッパで一〇人に五人[14]）。

この調査結果と私たちの研究には共通するところがある。しかし、私たちは意欲のなさと機能不全の原因のみに集中したりはしない。そうではなく、人が組織に対して持っている前向きなビジョンと、それをいかにして現実にしようと試みているかを調べた。すでに四年以上、私たちは世界中の人々に、理想の組織とは、すなわち最高の自分になれる組織とはどんなものであるかを問い続けている。

もちろんそれぞれの答えはかなり多様だったが、回答は大きく六つの原則に分類されることがわかった。たまたま便利で覚えやすい文字の並び（DREAMS）になっている。

●**違い**（Difference）――「ありのままでいられる場所、他者とは違う自分のあり方や物の見方を表現できる場所で働きたい」

●**徹底的に正直であること**（Radical honesty）――「今実際に起こっていることを知りたい」

●**特別な価値**（Extra value）――「私の強みを大きく伸ばしてくれて、私自身と私個人の成長に特別な価値を付加してくれる組織で働きたい」

●**本物であること**（Authenticity）――「誇りに思える組織、良いと思えることを本当に支持しているような組織で働きたい」

- **意義**（Meaning）――「毎日の仕事を意義あるものにしたい」
- **シンプルなルール**（Simple rules）――「バカげたルールや、一部の人だけに適用されて他の人には当てはまらないようなルールに邪魔されたくない」

これらの原則を実践することは、企業の従来の組織慣行に逆らうことが多いため、簡単でもシンプルでもない。両立が難しいものもいくつもある。ほとんどすべての項目においてリーダーが求められているのは、トレードオフとなるような原則同士のバランスを慎重に取り、時間と注意の配分のしかたを考え直すことだ。もちろん、六つの原則のすべてを持ち合わせる組織は、もしあったとしてもごくわずかだろう。もし持ち合わせているとしても、六つすべてで秀でることは至難の業だ。

私たちは、個人を対象とした調査からこの結果を得て、私たちが共に仕事をしている組織、または私たちが研究対象として興味を持つ組織でその結果を確かめた。私たちが常に注意を集中していたポイントは、個人的なものと組織的なものを結びつけることだった（さらに詳しくは、附録と謝辞のページを参照）。組織は、この理想に近づく道か、落とし穴を避けるような道を選び、少しずつ前進しなければならない。また、エンゲージメントとコミットメントの観点から、その前進は、競争意識を持って、しかも自らのスタッフによって行わなければならない。したがって、私たちはこの調査結果を、リーダーと組織の課題として提示する。その組織とは、可能な限り最も生産的で、働き甲斐のある職場環境をつくることを目指すような組織のことだ。

乗り越えるべき課題

先ほど示した「夢（DREAMS）」の原則は、表面上は組織にとって明らかに必要なものだと思われるかもしれない。結局のところ、正反対のタイプの場所で働きたいと思う人などいるだろうか？　型にはまることを強いられ、いつも真実を最後に知るのは社員で、豊かになるのではなく搾取されていると感じ、価値観は季節とともに移ろい、仕事で疎外感を感じ、ストレスが多く、官僚的なルールの「毒気」が人間の創造性や生産性を制限するような組織で、はたして働きたいだろうか？

それでも、六つの原則の半分すら実践してみせられる組織はほとんどない。なぜだろうか？　私たちの研究によれば、企業がこうした課題に実際に取り組もうとするときに、ともすれば表面的な取り組みになってしまうからだ。問題が発生したときに絆創膏を貼るだけで、大きく立ちはだかっている根本的な課題に取り組む準備ができていないように思える。マルクスやウェーバーが示した一九世紀の社会理論が教えてくれるのは、近代の世界は二つの大きな力によって形作られたということだ。資本主義の隆盛と支配、および官僚主義の力である。資本主義が世界経済の隅々まで行き渡るというマルクスの予言は正しかった。ウェーバーの予言は、人類が「自分でつくった鉄の檻に閉じ込められ、逃げ出すことができなくなる」という陰鬱なものだった。鉄の檻とは官僚主義のことだ。

もちろん、資本主義がまるで神のように造った破壊的な力学のすべてを、個々の企業レベルで変えられるわけはない。しかし、私たちが本当の意味で本物の組織をつくりたいのであれば、資本主義の良くない兆候や、官僚化がもたらす非人間的な結末に背を向けることはできない。私たちにできることは、その状況に対応することである。一度にひとり、ひと組織だけに対応することだ。そして、その場しのぎの解決法ではうまくいかないことに注意しなければならない。夢（DREAMS）の組織をつくるということは、カルチャーをつくるということである。DREAMSのそれぞれの原則が内在し、存在、思考、行動の自然なあり方の一部になっているようなカルチャーだ。これは簡単な仕事ではない。長期的な目標である。

では、まず「違い（Difference）」から始めよう。最近私たちは、「ダイバーシティのマネジメントについて」というタイトルの一四二ページにわたる小冊子を制作した組織と関わった

（実際に何人がこれを読むのだろうか）。膨大なページ数にもかかわらず、創造性（パフォーマンスの主要指標）は多様性に比例して高まり、型にはまることによって低下するという重要な主張は、どのページにもまったく見られなかった。多くの組織で「違い」とは、性別や人種、年齢、宗教などの、旧来の区分によって定義されることが多い「ダイバーシティ」の考え方に置き換えられてしまう。こうした区分はもちろん極めて重要だが、世界のリーダーが求めていたのは、もっと微妙でとらえにくい、達成が難しいものだった。それは、物の見方や思考のクセ、考え方の中核をなす前提、世界観の違いを受け入れ、さらに、単なる受け入れを超えて、違いを大切にし、違いから付加価値を生むような組織をつくることだ。違いを正しく理解すれば、高いレベルのコミットメントやイノベーション、創造性を得ることができる。

では、「徹底的に正直であること（Radical honesty）」はどうだろうか？　さまざまな組織が、内部と外部、両方にいる人々とのコミュニケーションが重要だと気づきつつある。例えば最近では、経営チームにコミュニケーションの専門家を置くことがある。これは正しい方向への一歩前進だ。というのも、パフォーマンスを上げるために、評価資本の重要性がますます高まると同時に、評価資本そのものはますます脆弱になっているということを、私たちは学んだからである。アーサー・アンダーセンは、エンロンのスキャンダルのあおりを受けて、わずか一カ月で解散した。さらに最近では、アップルやナイキ、アマゾンのような時代のアイコン的な企業でさえ、雇用慣行について批判的な視線にさらされている。

にもかかわらず、コミュニケーション専門職の増加は、実際のところ、業務に必要な情報を伝える際の現在のアプローチが表面的であることを、より如実に物語っている。それは、なぜか？　あまりにも多くのコミュニケーション専門職が、旧世界の考え方に頑固にとらわれたままだからだ。つまり、情報は力であり、都合よく解釈を加えることは重要なスキルだという考え方である。確かに情報は力だ。しかし、企業はもう情報をコントロールすることなどできない。ウィキリークスや内部告発、情報公開制度がある世界では、「誰かが言う前に自分で本当のことを言う」ことが企業の責務であるべきだ。そうすることでやっと、組織の内と外の両方で、長期的な信頼の構築が始まるのだ。

組織は「特別な価値（Extra value）」をどうつくれるだろうか？　エリートで構成される組織や職業では、優れた人材をさらに磨き上げるための投資を、かなり前から続けている。この世界には、マッキンゼーやジョンズ・ホプキンス病院、ＰｗＣのような企業がある。このような企業が社員と結ぶ契約には、「当社に来れば、能力開発を支援しましょう」という条件が含まれている。残念ながら、こうした企業が支援するのは、本当にごく一部の社員だけだ。

では、残りの人たちはどうなるのか？　私たちの研究によると、組織のどのような場所であっても、個人が仕事を通して成長できると感じられたときに、パフォーマンスが高くなる。

つまり、組織が個人に価値を付加するから、個人が組織に価値を付加してくれるのだ。ここでの個人とは、幹部や管理職だけでなく、事務スタッフやレジ係のことも含む。あらゆる個人に価値を付加することは、決して不可能ではない。マクドナルドUKでは、数学と英語の科目で中等教育修了資格（GCSE）を取らせるために、六クラスの定員いっぱいに相当する人数の社員に毎週研修を受けさせている。この施策に採算性があると感じるのであれば、他の企業は確実にもっとできるはずだ。

では、組織にとって、「本物であること《オーセンティシティ》（Authenticity）」にはどのような意味があるのだろうか？　これは難しい問題だ。「本物」は、夢（DREAMS）の組織の六つの原則の「すべて」を貫く概念と言っていいだろう。組織が本物であれば、そこで働く人が、仕事を通じて最高の自分になり、最高の力を発揮できるからである。「本物であること」をより具体的に理解するために、私たちは三つの指標を作成した。ひとつ目は、「企業のアイデンティティが一貫してその歴史に根差している」。二つ目は、「社員が、企業が支持する価値観を行動で示している」。三つ目は、「企業のリーダー自身が本物である」。この三つが揃って初めて、社員たちは目的意識を持ち、自分の仕事を誇りに思い、信頼のレベルを高める。ただし、達成が簡単でないことは明らかだ。残念なことに、多くの組織では、この難題に取り組もうとしない。そのため、「本物」をつくり上げるという仕事はあえなく頓挫して、ミッションステートメントの代筆業者に依頼してしまう。私たちがインタビューをした何人かは、自分の会社のミッションステートメントが三年間に四回も書き直されたことに落胆の色を隠さなかった！　当然のことながら、それではパフォーマンスは向上せず、心の底からの冷笑主義《シニシズム》が生まれるのみである。

仕事に「意義（Meaning）」を探すのは、今に始まったことではない。仕事がいかにして意義を生むか、いかにして「エンゲージメント」を生むように再設計できるかについての研究は、あふれるほど存在する。しかし、仕事の意義とは、「エンゲージメント」という視点だけでなく、より広い一連の事柄の中から生まれるものである。さらに、私たちが三つのCと呼ぶものからも、意義を見出すことができる。つながり（Connection）、コミュニティ（Community）、大義（Cause）である。社員は、自分の仕事が他者の仕事とどうつながっているのかを知る必要がある（縦割り構造が妨げになっている場合があまりにも多い）。彼らは、帰属意識を後押ししてくれるような職場を必要としている（流動性が激しい世界ではどんどん難しくなっている）。そして、自分の仕事が長期的な目標にどのように貢献しているかを知る必要がある（株主が四半期の報告を求める場合には問題となる）。こうした深刻な課題への対処を怠ると、社員のエンゲージメントを高めようとする流行に乗じた取り組みも、一時的な効果を生むだけになる。

最後に、本物の組織には、企業内で広く合意された「シンプルなルール（Simple Rules）」

がある。多くの組織では、ルールが雪だるま式に増えるような仕組みになっている。一連の官僚主義的な指示によって別の新たな指示が生まれ、最初の指示で生じた問題に対処させようとするものだ。これに対して、一種の徹底的なディレイアリング〔管理職の層を減らして組織をシンプルにすること〕を試みた組織もある。迷路のように入り組んだ階層構造の中で、少なくとも、優れたアイデアや取り組みが失われてしまう問題に対処しようとしたのだ。しかしこれも、表面的な処置にすぎない。理想の会社とは、ルールのない会社のことを言っているのではない。社員が納得して従えるような明確なルールがあり、その明確さとシンプルさを維持することに決して注意を怠らない会社のことである。前述の試みに比べればかなり大きな挑戦だが、さらに大きな見返りがある。優れたルールは裁量を最大限に広げ、広がった裁量が問題解決を後押しする。抑え込むというよりは、組織をよくする活動をやりやすくするのだ。

本書に期待できること

本書では、読者のみなさんに世界で最高の職場をつくることをはっきりと求めている。言うまでもなく、最終的にその責任を背負わなければならないのは、組織のトップのリーダーたちだ。しかし、夢（ＤＲＥＡＭＳ）の組織をつくるには、あらゆる職務レベルの社員が関わらなければならないのも、同じくらい明らかだ。さらに言えば、これから本書で論じるテーマは、自己表現や仕事の意義、正直であることなど、組織生活の基本的側面に関係するものだが、それらが世界のあらゆる場所で働くすべての人にとって重要であることも、明らかである。したがって、本書は、現在すでにリーダーである人、リーダーを志す人、そして、自分の座る位置がどこであろうと、組織をより良い職場にしようと努力するすべての人のための本である。言い換えれば、この本は、今そこにいる、あなたのための本だ。

というわけで、私たちは楽観的だが、決して非現実的な夢想家ではない。課題は果てしなく大きい。行動「しない」理由ならたくさんある。「夢」の追求の優先順位を下げる理由もたくさんある。資本主義経済では、破壊的な新規参入者や革新的技術、安価な代替手段の出現やコスト削減への圧力など、さまざまな事象が起こるだろう。

しかし、重要なのは、行動するかどうかはトレードオフの問題ではないということだ。より良い職場をつくるということは、資本主義の新たな課題、すなわち、生産性を高め、創造性を自由に解き放ち、競争に勝つことを放棄するものではない。むしろ、これらの課題を達成するための手段なのだ。

調査中に出会った人々が「なぜここで働かなければならないのか?」という問いにどう答えたか、耳を傾けてみよう。私たちが希望を抱いていい理由がここにある。

「私たちは世界で最も美しい建物を建てます。それでいて、同時に環境も向上させます。これ以上の仕事があるでしょうか？」（建築エンジニア）

「私の仕事は糖尿病患者の生活を楽にすることです。彼らが充実した人生を送り、子供を育て、自転車に乗れるようにすることなのです！」（製薬会社の営業担当者）

「一年前、私には仕事がありませんでした。今では新しいスキルを身につけ、貢献しているという実感があります。最近、私たちの店舗が顧客サービスの賞を受賞しました。みんなそれをとても誇りに思っていますよ」（ファストフードのサービス係）

あなた自身と同僚が、このように感じられる職場を、さあ、どうやってつくるだろう？

私たちの多くは、自分の業務タスクから意義を導き出せるだろう。時に大きな困難があるように思え、タスクがどれほど地味で限定的に見えようとも、だ。ほとんどの人はいい仕事がしたいと思っている。そして「個人の仕事」であれば、意義あるものにする方法を見つけられることが多い。しかし、「組織としての状況」を考えると、そこにはほとんど世界共通とも言える批判や苦痛があり、前向きな意義と可能性が実際にはつぶされてしまう。その状況とは、不必要な官僚主義や情報のゆがみ、駆け引き、他部門との連携不足、「違い」への不寛容、助けや能力開発が最も必要な人にそれが行き渡らないこと、ほとんどいかなる代償を払ってでも利益を追求することなどのことだ。

このように「業務タスク」であれば、そのタスクに固有の意義を見出せるかもしれない。しかし、多くの人にとっての問題は、まさに「『ここ』でなければならないのか?」「なぜ私は『ここ』で働かなければならないか?」なのだ。

みなさんがどの組織に属していようと、組織のどこに配属されていようと、この難しい問いに対して前向きな答えを見つけられるきっかけを与えることが、私たちの目的だ。

本書の構成を簡単に説明しよう。第1章から第6章までは、夢（DREAMS）の六つの原則を、ひとつずつ詳しく見ていく。各側面で、うまくいったときの利点と、失敗したときの危険性、さらに共通の落とし穴と成功戦略をいくつか示し、検討する。各章には簡単な診断ツールがあり、各原則について自分の組織がどのレベルにあるかと、改善のための取り組みをどこから始めればよいかがわかりやすいよう工夫されている。この設問は私たちの調査でも使ったものだ。回答パターンによって、それぞれの組織に合わせてどのように対処すればよいかを考える助けとなる。診断ツールの使い方のガイドは、巻末の附録にも記載されている。さらに、夢（DREAMS）に関して書かれた六つの章の最後にはそれぞれ、具体的な「リーダーがとるべきアクション」のリストが用意されている。

第7章は、本物の組織をつくり、維持することに向けて足を踏み出す助けとなるだろう。自分と組織の現在地を見極める方法と、主な課題が何であるかを論じている。六つの原則を自分の組織の現状にカスタマイズする際に、リーダーとして行わなければならないトレードオフの複雑なパターンも見ていく。すべてを同時にできる組織は見たことがない。したがって、優先順位が重要だ。複数の夢の原則を同時に実現できない状態が生じることは避けられないので、それをどう扱うかについていくつかのアドバイスをする。

「終わりに」では、個人と組織に向かって、本物の職場をつくるという挑戦に着手しようと呼びかけている。実際のところ、私たちには選択の余地などない。自らの才能と精神を提供することの対価として、組織に「本物であること」を要求する人々は、世界で増え続けるだろう。

第1章

ありのままでいられるように

「違い」は埋めず、むしろ広げる

Let People Be Themselves

Amplifying Difference Instead of Minimizing It

一度職場をぐるりと見回して、毎日一緒に働く同僚たちを眺めてみよう。何が見えてくるだろうか。職場のリーダーの男女比は妥当だろうか？　年齢や皮膚の色、信仰、文化、性的指向について、健全な範囲のダイバーシティが保たれているだろうか？　答えが「はい」でも、自分の職場が多様だと喜ぶのはまだ早いかもしれない。私たちはあなたに「十分に多様であるとは言えない」あるいは「少なくとも多様性を最大限に尊重するあり方ではない」と指摘するかもしれない。その指摘をどう感じるだろうか？

未来の「本物の」組織には、最高の人材を集め、企業として成功を収めるための環境づくりが必要になる。創造性と革新性が重んじられ、社員が仕事に没頭して全力で取り組むことができ、将来の成功を見据えられるようなリーダーシップ・パイプライン（リーダー育成の仕組み）が綿密に形成されているような環境だ。私たちの調査によると、こうした特性を備えた職場では、少し異なる形のダイバーシティが求められており、表面的なものにとどまらない「違い」があることが人を雇う理由になる。とりわけ重要なのは、思考プロセスや価値観、スキルの違いだ。

ひとつ例を挙げてみよう。一九八〇年代、米国のとある出版社のビジネス書部門は、私たちが知る限り、最も幅広く多様な人員で構成されていた。編集主任のひとりはワシントンのシンクタンクの出身で、アジア文化の専門家。もうひとりは米国史で博士号を取得。さらに別のひとりは米国大統領のスピーチライターとして働いた経験があり、しかも環境活動家だった。また、雑誌『ニューヨーカー』でインターン経験がある副編集者もいれば、外交に関わる経歴の持ち主もいた。編集者のうちMBAを持っているのはわずか二名。ビジネス書の部門なのに、だ。

この一風変わった人集めの理由は何だろうか？　この部門長は、優れたビジネス書の著者であり思想家でもあった。彼は、最高のアイデアは、必ずしも同業のビジネスライターや、世界の見方が自分と同じ人間からは生まれないということがよくわかっていた。そして、その考えに基づいて人を雇ったというわけだ。そんな部門の週に一度の会議が、活発なブレーンストーミングが行われ、弾丸のようにアイデアが飛び交う場になるのはいわば必然だ。よく笑う代わりに、意見が合わないことも多いし、それを隠したりもしない。社員の個々の才能が高く認められ、弱みも受け入れられているため、躊躇なく「バカな」質問ができるし、それをとがめられることもない。これは重要なことだった。社員はありのままの自分でいることができ、その結果として、アイデアや知識、経験が強烈にぶつかり合う。時には罵り合いや激しい言葉の応酬もあったが、それと同じくらい「それ、どういう意味？」や「教えてくれる？」といった言葉もよく行き交っていた。会議以外の時間にも、編集者たちは気軽に受付のソファーに集まって、アイデアをあれこれ検討したり、作成中の原稿について議論したりしていた。

こうしてこの部門のメンバーは協力し合い、当時最も革新的で最先端を行く、エグゼクティブ向けの出版物を発行していた。そして、期せずしてこの部門の大多数は白人の男性だった（なにぶん一九八〇年代のことなので）。

特定の性別や人種民族、性的指向のみで社員が構成されるような雇用のあり方を勧めているのではない。重要なのは、そうではないタイプのダイバーシティ、つまり外から見える特性を超えた多様性も考慮する必要があるということだ。「本物」であろうとする組織は、考え方が違い、まったく違う領域からアイデアが出てくる「からこそ」（「にもかかわらず」ではないことに注意）人を雇う。職場におけるこのような思考や志向の違いは、人種や性別などの違いとたまたま一致することもあるが、必ずしもそうであるとは限らない。

単なる多様性ではない「違い」

ではここで、「違い」の意味を明らかにしよう。多くの企業が、性別や人種、年齢、民族など、旧来のダイバーシティの区分に従って「違い」を定義しているが、私たちがインタビューした企業幹部たちが求めていたのは、もっととらえにくいものだった。彼らは、先ほどの例に出てきたビジネス書部門のトップのように、物の見方や思考のクセ、考え方の前提が自分とは異なり、自分を新たな方向に向けて後押ししてくれるような人間を周囲に置くようにしていた。そこで本書では、（性別や人種などの差異もあるかどうかは別にして）「ひとりひとりの態度や考え方の根本的な違い」に重点的に目を向けることにする。

確かに、企業が社員の独自性や個性をうまく育てようと思ったら、それまでのやり方や体制をある程度捨てなければならないのかもしれない。フィンランドのゲーム企業、スーパーセルのCEO兼共同設立者であるイルッカ・パーナネンが取った方法を考えてみよう。「この会社には人事部はありません。よく考えたうえでの決断です」と彼は私たちに語った。「私たちの最も重要な仕事は、企業カルチャーを守り、最高の人材を雇うことです。そんな大切な責任を人事部に任せてしまうことはできません」

逆に、予測がつくことばかりを求めていると、行き着く先は型にはまったカルチャーになる。これをエミール・デュルケームは「機械的連帯」と呼んでいる。「類似に基づき、個人を社会に直接結びつける独特の連帯」のことである。しかし、私たちが調査した企業のカルチャーは「有機的連帯」で構築されていた。デュルケームによれば、有機的連帯とは、違いを生産的に活用することを基盤とする連帯であり、[1]「きちんと区別された分業の範囲内での職業上の相互依存から生まれる、個人間または個人が構成するグループ間の協力による結びつきの中に存在する[2]」。

組織との関連において、私たちが論じたいと考えている個性には二つの側面がある。ひとつ目は、簡単に言うと、「本物の」職場では社員がありのままでいられるということである。つまり、意見を持ち、自由な裁量を発揮し、意見が違ってもそれを表明し、何を本当に大事にしているのかを示し、その仕事をすることが本人にとって「自然」であるか、自己実現になるということだ。例えば、短パンにサンダルのITオタクを受け入れるお堅い金融機関や、ほぼ全員がバラバラな時間に出社するが、毎日九時五時で働くのが好きな社員もひとりか二人はいるというような職場のことだ。

二つ目も、ひとつ目と同じくらい重要な側面だ。有能な組織には、社員の幅広い違いを「活用する」意志と能力があるということである。これは、「本物の」カルチャーを育てるのに極めて重要な意味を持つ。調査対象の幹部たちも、この特性こそが仕事の満足度を高める鍵であると繰り返し述べている。

例えば、ある世界トップクラスの大学の副学長は、研究が活発なスポットを求めて深夜のキャンパスを徘徊するのが好きだった。リアリストで物理学者である彼は、そのようなスポットは理系の研究室にあるだろうと考えていた。ところが驚いたことに、古代史、演劇、スペイン語学部など、あらゆる種類の学問分野にあったのだ。理想の組織は、そこのカルチャーで何が主流になっているかや、業務上の習慣、ドレスコード、慣例、その組織を支配する前提をもちろんしっかり認識している。そのうえで、この副学長のようにそれを超えるための努力をきっちりと行っているのだ。

この章では、社員の違いを大切にした組織が、いかにして社員の充実感を高め、さらにしっかりした組織になっていくかを示す実例を見ていくことにする。ただ、実のところこうした企業の数はまだかなり少ない。そこで、なぜほとんどの企業にとって型にはまることが既定路線なのか、社会学的な論拠を求めることにした。最後に、自分の職場が社員の違いをどれくらい生かせているかを診断するツールを用意した。さらに、組織の改善方法についての提案と、リーダーのための具体的なアクションプランのリストも用意している。

ありのままの自分を表現する

ここからは、三つの職場について考える。イタリアの小さな町に立ち並ぶお店やカフェ、マンハッタンで成功を収めている流行最先端のレコード会社、そして英国陸軍だ。一見したところ背景があまりにバラバラで、何が似ているのかはっきりとわかる人はほとんどいないだろう。しかし、私たちが実施した組織に関する調査によって、あるひとつの重要なポイントで、この三つの職場がとても似ていることがわかった。それは、どの職場も、人々の知識や才能の幅広さをしっかりと生かしているということだ。それぞれの環境で働く人たちの「違い」こそが、言い換えればユニークな特性や個性こそが、職場を成功に導く原動力となっている（後で説明するが、軍隊も例外ではない）。

まず、イタリアのお店について見てみよう。執筆者のひとりのロバート・ゴーフィーは、幸運なことにその町にアパートの部屋を持っている。そのため、彼と妻は暇さえあればイタリアに通っている。地元のデリカテッセンに立ち寄れば、オーナーは両頬にキスして歓迎する。夫妻の子供はどうしているかを尋ね、自分の子供の話をする。天気が良くても悪くても文句を言うのはお約束。新鮮な肉を供給する自分の農場の様子をひとしきりしゃべり、夫妻に新作のチーズのサンプルを出してみせる。夫妻がこの店をひいきにするのも当然だろう。

同じ日に、ゴーフィー夫妻は同じ町のピザ屋で食事を楽しむ。クレジットカードで払おうとすると、オーナーのエンリコがこの店は現金払いだけだよと言う。ところがあいにく、さっきのデリで見せられた贅沢なチーズの新製品にユーロを使い切っていた。そこでエンリコが肩をすくめて言ったのがこのセリフだ。「気にするなって。支払いは次回でいいさ」。夫妻がこの店のごひいきなのも、やはり当然だ。

その日の夕方、今度は町のバーで、夫妻は飲み物を運んでくれたクリスティーナとおしゃべりを始める。夫妻と同じく、彼女もサッカーファンだ。しかもかなり熱烈なファンだ。イタリアリーグについての話が始まる。シエナは今シーズン調子がいいだろうか？　チケットは手に入る？　そう聞くと、クリスティーナは、ビッグゲームは無理だろうと、もう少しマイナーなチームの試合を地元の新聞で探し始める。そして、競技場への詳しい行き方と、その近くにある地元で最高のバーを教えてくれるのだ。クリスティーナの店が夫妻のお気に入りなのも、やはり当然だ。

翌日、帰国予定日の朝になって、夫妻は大変なことに気づく。格安航空会社では、旅客があらかじめ自分で搭乗券を印刷していないと、空港で法外な手数料を取られるのだ。残念ながら、夫妻はプリンターを持っていない。イタリア人ならさしずめ「ウナ・プロブレマ（問題だ）」と嘆くところだ。さらに、そのときになって気づいたのだが、ロバートは新しいブリーフケースが買いたかったのだ。そこで夫妻は地元の高級皮革製品店に立ち寄ることにした。そこで彼らは店長のアネッタに、飛行機の搭乗券で困っているということを漏らした。すると彼女はすぐさま店のシャッターを閉め、裏の事務室に彼らを連れて行き、オンラインでチケットにアクセスして印刷した。さらにロバートの理想のブリーフケースも見つかった。帰国の途に就いた夫妻は、もうすでにあのイタリアの町が恋しくてたまらない！

これは単にトスカーナの街歩きは楽しいという話ではない。あるレベルでは、顧客《カスタマー》体験《エクスペリエンス》を豊かにする店員たちの良い例を示していると言える。デリでの親しみを込めた歓迎と会話、ピザ屋の後払い、バーのスタッフの手助け、高級皮革製品店でのプリンターの提供だ。しかし、この話には顧客体験以上のものがある。これは、自分の個性や興味、情熱をはっきりと表明している人たちのストーリーだ。そうすることで、彼らは「顧客体験」を、単なる経済交流の手段から、もっと個人的な交流に昇華させているのだ。相手がゴーフィー夫妻に限ったことではない。彼らの興味の対象には、目の前のあなたも含まれている。彼らはありのままでいることで、顧客をリラックスさせ、顧客もありのままの自分でいることができるようにしているのだ。

優れた組織というのは、まさにこんな感じだ。優れた組織では、人は単に役割に付随する責務を果たすだけでなく、それ以上のことをする。イタリアの小さな町のそれぞれのお店で、店員たちは役割に期待される以上のことをしていた。「自ら進んで」仕事や役割にやる気を燃やす。「本物の」組織で自然発生するのが、このような種類の行動だ。

ここである問いが生まれる。どうして私たちはある場所を好きになったり、その良さに気づいたりするのだろう？　イタリアには素敵なものがたくさんある——太陽、ワイン、美味しい食べ物、興味をそそる歴史、魅力的な建築物。しかし、このイタリアの丘の町をぶらぶらと登っていけば、町の広場に友達や家族が集まって、くつろいでコーヒーを飲みながらサッカーや政治、天気について語り合っている様子も目に入るだろう。なだらかに連なる丘や美しい建物だけが、この場所の魅力なのではない。それらにエネルギーと個性を吹き込む「人」こそが魅力なのだ。町が「本物」なのは、そこにいる人たちがそれを本物にするからだ。本来の姿でないものになろうとしても意味はない。普通はのどかな休暇向けの滞在先とは考えられていない場所にも、これは当てはまる。ピッツバーグやイギリスのバーミンガム、ポルトガルのオポルトなど、労働者が集まる工業都市に目を向けてみよう。ポルトガルにはこの特徴をうまくとらえたことわざもあるくらいだ。「リスボンは遊び、オポルトは働く」。事実、組織と同じように、素晴らしい町や都市は――つまり人がそこで働きたい、住みたいと思うような場所はどこも――「本物らしさ《オーセンティシティ》」を醸し出している。そして、それを伝えるのは、自分たちのユニークな特徴を表現している人間なのだ。

さて、先ほど挙げた職場の二つ目は、クールなレコード会社だ。マンハッタンの中心のラファイエット通りに面し、あまりファッショナブルとは言えないバワリー街にほど近いオフィスビルに入っている。オフィスは貸ビルの最上階で、窓には物が投げ込まれないように面格子が取りつけられている。執筆者のひとりのガレスは、以前このレコード会社の親会社に勤務していたことがあり、そのときにオフィスを訪れた。きちんとしたブルーのスーツに身を包み、やや自意識過剰気味に初めて部屋に入ったときのことを彼は覚えている。間仕切りのないオフィスは、騒がしく、言葉が飛び交い、少しピリピリした空気が流れていた。が、次の瞬間、心躍るようなエネルギーの波がガレスに押し寄せてきた。ロフトに二つだけある窓の下に、ジャマイカ流ビーチパーティーのスタイルにしつらえられた空間があり、そこに社員が集まって音楽とアーティストについて語り合っていた。この会社から郵便仕分け係の職をオファーされたら自分は絶対受けてしまうとガレスが思うまでに、一時間もかからなかった。

ところがそこで、言い争いが始まった。アルバムから最初にシングルカットするのはどの曲にすべきか？　役員二人が議論を白熱させ、頭に血を上らせ始めた。怒りが込み上げているのは明らかだった。ガレスは殴り合いになるのを恐れて、「年長のスーツ族」としての役割を果たそうと、割って入ろうとした。しかし、ぎりぎりのところで事態は落ち着いた。後になって、彼は二人の主役が笑ってジョークを言い合っている姿を見る。さっきと同じ日なのに。あの強烈なやり取りの後、彼らはアルバムからのシングルカットについて斬新な戦略を考え出していた。あれは単に、ここでのいつもの物事の進め方だったのだ。

実はこれは、アイランド・レコードの話だ。この会社には多くの作品を世に送り出してきた歴史がある。新分野を開拓し、異なるジャンルを交わらせ、革新的なアーティストにつきもののリスクを取る会社だ。そして商業的に巨大な成功を収めていた。ボブ・マーリーやＰＪハーヴェイ、Ｕ２を擁するレーベルだ。

ここで、明らかにしておきたいことがある。レーベルの創造性と革新性の水準が一貫して高いのは、衝突や激情、白熱した意見交換のレベルが高いからこそだということだ。アイランド・レコードのスタッフは、いかにも音楽業界人らしい装いでクールにめかしこんだ、同質な人間ではない。音楽と自社のアーティストを本気で大切にしている、個人の集まりだ。また、それぞれが自分の役割に全力を注ぎ込んでいるが、イタリアの町の店主たちとは違い、彼らが生み出すのは優しさや明るさではない。むしろ、彼らの間に生まれ持った違いがあることで衝突が発生し、それによって創造性や仕事に対する強い意欲が生まれている。ほとんどの組織が創造性や革新性を求めると言いながら、実はあまり理解していないのは、多くの場合、そうしたものには激しい衝突やピリピリした関係が伴い（ジョン・レノンとポール・マッカートニーを思い浮かべてほしい）、失敗が何度も何度も繰り返されるということだ。近年の組織が求めるもので最も矛盾したものは、おそらく「革新的であれ、ただし失敗はするな」だろう。

ここで三つ目の職場に移ろう。英国陸軍だ。ガレスの親戚のテリーがここで任務を遂行している。九人兄弟の末っ子のテリーは、ロンドン中心部にある学校を正式な資格もほとんど取らずに卒業した。将来の見通しは厳しいと思われた。仕事を見つけるのは難しく、失業率は高く、経済は低迷していた。ところが、彼はチャンスをつかんだ。陸軍入隊の面接試験があったのだ。選考過程は厳しく徹底したものだった。特性と同じくらい性格も重点的に調べ上げられた。そして、彼は入隊できた。これがきっかけとなり、彼は変わり始めた。一年も経たないうちに彼はより健康に、強靭になり、アフリカ、南米、ヨーロッパ大陸での勤務を経験した。どんな人にとってもタフな経験だ。シエラレオネの内戦を忘れることはできないだろうと彼は言う。そのとき彼は、生死に関わるような大きな決断を下さなければならない立場に立たされていた。世界最高レベルの規律が定められた軍法を固く守りながら、大きな組織本部の支援から離れた場所で、あらゆる決断を下すのだ。テリーの生い立ちは決して恵まれたものではないかもしれないが、彼が上げた重要な成果は証明済みだ。彼は今では、軍事手順に精通した連隊の上級曹長であり、情熱を持って自分の仕事にあたっている。

英国陸軍の新兵のキャリアの話が、本書で説明する「本物の職場」とどんな関係があるのだろうか？　表面だけ見れば、答えは「何も関係ない」だろう。私たちが思い浮かべるややステレオタイプな陸軍像は、旧態依然としたリーダーシップの階層的概念が具現化された場所だ。しかし私たちは、最も有能な軍は、リーダー育成において多くの営利組織よりもはるかに進んでいると考えるようになった。それはなぜだろうか？

第一に、テリーの話から見て取れるのは、彼が早い段階でリーダーの経験を積めたということだ。一方で、従来型の組織の多くは、リーダーの役割につくまでにあまりにも時間がかかりすぎる。優秀なリーダー育成ができるかどうかは、早期から豊かで多様な経験をさせられるかどうかにかかっているのにだ。第二に、リーダーシップがさまざまな場所で発揮される可能性があること、そしてリーダーシップ・パイプライン（リーダー育成の仕組み）の中に多くの多様な人間を入れる必要があることを、軍はしっかり認識している。軍は、自分たちが行動に移る瞬間に、階層の力だけに頼ることなどできないことをよく知っている。組織のあらゆる場所にリーダーが必要なのだ。

この例を、ある大手消費財メーカーと比較してみよう。私たちは今もこの会社と一緒に仕事をしている。トップ七〇人の幹部たちは、世界中から選り抜かれたという点で表面的には多様なのだが、全員が全員とも都会的で、洗練されており、多言語を使い、人当たりが良く、控えめなユーモアを身につけている。言い換えれば、彼らは「互いに似すぎている」のだ。これこそが問題の原因だった。元々はひとりひとり違っていた。その違いこそがリーダーとしての能力の基礎を築いた可能性があるにもかかわらず、組織による専門のリーダー育成プロセスによって磨かれすぎた末に消えてしまったのだ。その結果残ったのは、波風を立てない、手続きに疑問を呈しない、個々の才能を輝かせることをしない、幹部集団である。この企業は、リーダーシップ・パイプラインについても苦戦している。トップに登るための経路が細くて一直線だということは、自分の職務分野や地域を離れて経験を積んだことがある中堅幹部が、あまりに少ないということを意味する。

テリーの陸軍での話でわかることは、リーダーシップ・パイプラインを豊かにしようと思えば、さまざまなタイプの人間を揃える必要があるということだ。実際、最高の軍組織は、最小限の高い規範を厳格に順守することと、創造的な違いを表現することとを融合させようと努めている。同じように、最強のリーダーシップ・パイプラインを構築できるかどうかは、個性を認め、育てることができるかどうかにかかっている。

これまで三つの職場の例で見てきたとおり、自己表現と個性、多様な経験はいずれも、多くのプラス要因を獲得する可能性を秘めている。例えば、自らの役割や仕事に対する意欲（これは豊かな顧客体験の後押しにもなる）、創造性と革新の継続、しっかりとしたリーダーシップ・パイプラインだ。これらはすべて、私たちが「本物の職場」と呼んでいる、他の人とは違うことが評価・活用される場所で、見受けられる属性である。現代の組織の多くがこれを求めているにもかかわらず、これができる組織がこんなにも少ないのはなぜだろうか？

型にはまるべきか、はまらざるべきか？

ここで、単に理想を追い求めるのはやめておこう。組織の中では型にはまることを求める力はとても強く、それが人類にとってまったく正常な行動であることも明らかになっている。アメリカの社会学者、ジョージ・ホーマンズは彼の優れた著書『ヒューマン・グループ』（誠信書房）の中で、自分を型にはめようとする人間の根源的な特性を示している。例えば、自分と似ている人を好きになる傾向があることや、ほとんどの人が衝突を避けようとするということだ。[3]

実際、ある程度型にはまることは、家族から街角の店、さらには中規模の企業からグローバルな巨大企業に至るまで、あらゆる組織に必要であり、組織というものをよく表している特徴だということもできる。したがって、私たちは、組織の型をすべて取っ払ってしまえばいいという、甘い考えを持っているわけではない。優秀な人なら、組織が人を引きつける力を持つために、また自分が同僚とつながるためには、ある程度型にはまる必要があることを理解している。これができる能力がないと見なされれば、すぐさま異端児のレッテルが貼られ、大きなことを成し遂げる見込みはほとんどなくなるだろう。新たに最高責任者に就任した人に「最初の一〇〇日」をどう過ごすべきかを説く本の数々を思い浮かべてみればわかる。極めて重要な成功要因のひとつは、人とつながることができる力なのだ。

故意であれ偶然であれ、組織というものがいかに人の個性を抑え込む方向に働くかということは、知っておくべきだ。例えば（近年絶大な人気のある）コンピテンシー・モデルは、「その職務にふさわしい能力」という観点から見ることで、違いの幅を意図的に狭めようとするものだ。要するに、どんな才能、スキル、動機が「ふさわしい」と見なされるかを示し、それについて慎重に評価を下し、報奨を決める。伝えようとしていることは明らかだ。この箱に収まるか、そうでなければ他へ行けということだ。コンピテンシー・モデルがあまりに規範的で、誰にも彼にも適用されてしまうようになってしまえば、型にはまろうとする退屈でつまらない能力を育てる仕組みになってしまう。査定システムや「目標による管理」、ガチガチに決められた採用ガイドラインについても、同じことが言える。

さらに、世界でもトップクラスのグローバル企業が綿密に開発した、新入社員教育プログラムについても考えてみよう。早い段階でネットワークを提供し、組織の規範を教え、価値観を叩き込み、成功のレシピを伝授する。新人にとって良かれと思ってつくられたプログラムだ。しかしこのようなプログラムは、組織が慎重さを欠けば、あっという間に洗脳に近いものに変容してしまう。これらも、個性を表現させる手段にはならずに、順応させるためのプロセスに変化してしまうのだ。

評価測定システムにも、「型にはめる」という問題は生じる。特に大きな組織では顕著だ。組織には、一番測りやすいものを測る傾向がある。例えば、特定の人種や性別の社員の人数などだ。「ダイバーシティ」をこのような区分で定義すると、当然のことながら、物の見方や考え方の微妙な違いは、そのどれにも当てはまらない。しかし、多様性のある組織にしようという取り組みのなかで、「○×形式」の検討課題チェックリストをつくったり、マネジャー向けの分厚い管理マニュアルをつくったりしてしまうことがある。私たちがインタビューしたリーダーたちの多くは、社員の微妙な違いを測れないこれらの施策に対して、激しい苛立ちを示していた。

この「病気」に感染するのは、GEやIBMなどの保守的な企業だけではないことに注意が必要だ。グーグルやアップルなどの、まだ若い最先端企業も感染する恐れがある。規模が小さければ、型にはまる圧力を防げるというものでもない。実際、小規模企業はオーナーの親族が支配することが多く、型にはめようとする力がかなり強く働く。こういうところでは、オーナーのやり方に従うか、「常道」に従うかの選択肢しかない。[4]

これほど直接的ではないが、「強い」企業カルチャーも、事業を成功に導く手段として、ビジネス書で広く高い評価を受けている。ただしこれも、価値観や行動の共有を強化し、貴重なはずの違いを排除してしまう危険性をはらんでいる。[5]欧米のほとんどの企業では、午後遅くや夕方になってから、思考力が最高に冴えてくる社員がいるにもかかわらず、全員が朝から働くことに決まっている。また、組織が自らのイメージどおりの新入社員を採用しがちだということもよく研究の対象になっているが、これも社員を型にはめる原因になっている。

例えば、一〇年以上にわたって業績不振に陥っていたユニリーバは、株主に変革を約束した。その「新たな」戦略は、ユニリーバが世界最高レベルになるというものだった。ただ残念ながらその実態は、自社になじむ人のみを採用するか、自社の社員を抜擢して育成することにおいて世界最高レベルになる、というものだった。ユニリーバの幹部は品があって賢く、勤勉だが仕事中毒ではない。私たちはよく、もし難破するならユニリーバの社員と島に流れ着きたいものだと妄想した。きっとあっという間に島全体がきちんと整備され、平和になるだろう。夕暮れにはみんなで集まって一杯酌み交わそう、ということにすらなるかもしれない！　だが、生活は合意に基づいて進められるものの、その結果として異議を唱えることがないので、重大な結末を招く可能性はある。

当時のユニリーバの企業カルチャーでは、新しいアイデアやイノベーションに携わることが難しく、業績が改善する見通しも立たなかった。しかし、その後に下した決断は評価に値する。二〇〇九年に外部からCEOを招いて、これまでとは本当にまったく違うことに挑戦したのだ。ポール・ポールマンの任命は、企業に進んで変化を取り入れる意志があることを証明するものだった。ポールマンは過去に、長く勤めたP&Gを離れてライバル企業のネスレに移ったことがある。企業秘密が厳重に保護される産業では、非常に珍しい転職だ。

ポールマンは、興味の対象が幅広く（企業の持続可能性、マラソン、視覚障害者との登山、一九六〇年代のアシッド・ロックのバンドなど）超人的な人物だ。ユニリーバに着任した彼は、長らく保守的だった企業に新風を吹き込んだ。さらに彼は、同社の外部ステークホルダーとの関係にも手をつけた。金融業界のあり方を強く批判したことは、広く関心を集めた。ただちに市場への四半期ガイダンスをやめ、しばらく後には四半期の収益報告も廃止してしまった。さらに、ユニリーバの経営の透明性を高める努力もした。例えば、アフリカにおけるユニリーバのサプライチェーンを公に報告するために、オックスファム〔貧困と不正の撲滅のために活動する国際協力NGO〕に調査を依頼した。ポールマンの着任に続いて、CFOや新設の最高サプライチェーン責任者を含む経営陣に、外部から多くの人材が採用された。しかしもっと重要なことは、彼が上級幹部にふたたび活力を与え、それによって最終的には会社の方向転換がスムーズにいったことだ。上級幹部のひとりはこう語った。「今では本当に変化を感じることができます。彼は企業カルチャーを理解したうえで、それを変えたのです。社員は過去とのつながりも感じたまま、将来への明確な方向性もつかんでいます」

型にはめようとする圧力は、一見しただけではかなりわかりにくい場合もある。私たちは最近、グローバルな金属メーカーのコンサルティングを行った。非常に大きな成功を収めている企業だ。年に一度の上級幹部会議では、とても打ち解けた雰囲気だと感じた。ディナーの前にはさまざまなゲームやちょっとした競技が用意されており、笑い声や軽口の飛び交う中、参加者は楽しげに参加していた。その後には長くにぎやかなディナーが続き、何人かがスピーチを行ったが、遠慮ないユーモアで度々中断されていた。この会合が最高潮に達したのは、バーでの長時間にわたるセッションだった。

翌朝、私たちは少々くたびれて見える幹部たちに質問をした。この組織で生き残り、成功するための心得を教えてほしい、と。全員が口を揃えて語った第一の心得は「バーにいること」だった。表面だけ見れば、少しばかり無遠慮な性質や、ユーモアを自由に発することができる様子は、この組織が個性の表現に寛容なことを示すと思われた。しかし、「バーにいること」を好まない、組織化されたゲームなど大嫌いな内向的な人はどうだろう。個性や気質の違いは、あの会社ではそう簡単には受け入れられないかもしれない。

さらに、ほとんどの職場では、「型にはまれ」という圧力が、組織のあらゆる階層に広がっている。特に比較的給与の低いスタッフの間では、圧力だらけだと言ってもいいだろう。この階層は、自分が「裁量が少ない役割」にあると考えやすい。さらに、新入りの頃には組織のカルチャーに受け入れられたいという動機が自然と働くものだ。裁量が少ない役割に長くいるとそれに慣れてしまい、本当の問題解決を避けるための手段として、会社の規定を利用するようになることがある。つまらない官僚主義者の誕生であり、顧客にとっては悪夢の始まりである。

同様に、中間層の社員は、出世のためには主流となっている型にはまらなくてはいけない、という強い圧力を感じている。自分が入り込みたいグループの文化的素養を身につけようとしている人によくある間違いは、自分にしかない特徴を失うことだ。そもそも自分が中間層に上がれたのは、まさにその性質や特性のおかげなのにもかかわらず。彼らは、「身をひそめる」、「用心する」、「必要最低限だけを行う」、「目立たなくなる」という行為をするようになる。どれを取っても、リーダーシップの発揮を妨げる致命的な行動だ。おそらく二〇世紀の典型的な悲劇はアーサー・ミラーの『セールスマンの死』（早川書房）だろう。主人公のウイリー・ローマンは、自分個人のアイデンティティを属する組織のアイデンティティと混同してしまう。そして組織に見放された彼は、もはや自分を一人前の男であるとは思えなくなり、死を選ぶ。墓場でのセリフは、おそらく現代演劇で最も感動的な独白だ。中堅管理職の疎外感は、ウィリアム・ホワイトの古典『組織のなかの人間』（東京創元社）や、デイヴィッド・リースマンらによる『孤独な群衆』（みすず書房）の中でも雄弁にとらえられている。

そして次の階層はもちろん、組織のトップの地位にあり、少人数で、おそらくあまりにも独占的なあの集団だ。私たちはヨーロッパの複数の大企業の取締役を対象として、業務コンサルティングを行っている。その結果、極めて高い業績を上げ、意志が強い非業務執行取締役すらも、「忠誠心がない」との批判を恐れずあえて違いを表明することは難しいと感じている。イギリスで最近行われた企業ガバナンスの分析の結果、非業務執行取締役が抱える主な課題が確認された。業務執行取締役に異を唱える必要性と、彼らをサポートする必要性の間で、バランスを取るのが難しいのだ。[6] 皮肉なことに、わざわざお金のかかるヘッドハンターを使って非業務執行取締役を任命しているのには、明確な目的がある。異なる経験や知識で、取締役会に足りていないものを補うことだ。これはすべて「裁量が大きい役割」だ。それなのに、実際のところ彼らは違いを表明できず、これが常に個人的な不満を生む原因になっている。[7] 経済危機に陥ったとき、金融業の取締役会の多くが、ガバナンスに関する責任をものの見事に果たせなかった主な理由もおそらくこれだろう。私たちの経験から言えば、事態をさらに悪化させるのは、（時に、意味をはき違えた忠誠心を持っている）業務執行取締役だ。彼らは、非業務執行取締役やステークホルダーから審査されるときには、必ずＣＥＯの立場を支持して同調してしまう。ここでも、違いを表明する機会が損なわれている。[8]

しかし、ホーマンズによれば、人間は破滅的な状況に至るまで、型にはまろうとする欲求に突き動かされる。自分と似ている人を好きになる傾向があることや、ほとんどの人が衝突を避けようとすることとは別に、私たちの型にはまろうとする性質について、ホーマンズはさらに複雑な三つ目の理由を挙げている。それは、「距離が近いと似やすい」ということだ。一九五〇年代に次のように述べている。「どういう訳か、一定時間誰かと行動を共にすると、相手に慣れ、自分の行動が相手に適応し、相手の行動も自分に適応し、一緒にいるとくつろいだ気分になり、相手をいいやつだと言うようになる……。かなり変わり者の顧客であっても、十分に長い間付き合っていれば、好きになることができる」[9]

ホーマンズが指摘しているのは、組織が人を型にはめようとする働きかけを、個人はただ受動的に受け入れているのではないということだ。実際は、個人のリスクと不快を最小限に抑える手段として、自ら進んで型にはまろうとしている共謀者なのだ。しかし、人が自由に本来の自分でいることができれば、個人にも組織にも明らかなメリットがあることは、大規模な調査によって示されている。[10]だから、そうしたメリットを享受したければ、個人も組織も同様に、型にはめようとする磁力を意識的に押し返さなければならない。

組織にできること

今回の調査の過程で、私たちが「夢の企業」と考える本物の組織を見分けるための診断ツールを開発した。そこから得たデータについては、本書の本文中と巻末の附録で報告している。いくつかの組織がこの領域で確実な進歩を遂げていることが明らかになり、私たちは大いに勇気づけられた。これまでに述べてきたとおり、自分は他の人とは異なるのだと表明することができれば、個人と組織の両方にメリットが生まれる。診断ツールの「あなたが属する組織はあなたの個性をどれだけ評価しているか?」は、組織が社員の個性や違いをどれくらい支援できているかを評価する目的で作成した。

回答を見た私たちは、人々が次の二項目に最も不満を感じていることに気づいた。「人との『違い』を表現するよう、全員に推奨されている」と「他のほとんどの人と考え方が異なる人間も、ここではうまくやっている」だ。[11] 直観とは逆に、比較的階層が低い回答者に「私は家でも職場でも変わらない」の項目への強い同意が最も多かった。この結果の解釈は少し難しい。後で示すウェイトローズの例のように、「仕事に対する前向きな意欲の高さ」につなげて考えることができるかもしれないが、不思議なことに、「仕事上の役割そのものへの一体感の欠如」を示すとも考えられる。むしろ、個人あるいは集団として仕事に関わることによって、管理メカニズムに抵抗しようとしている可能性がある。これは、広く報じられている「仕事へのエンゲージメントの低さ」につながるかもしれない。

重要なのは、この診断ツールの設問には、「夢の組織」の中核をなす組織力学が反映されているということだ。その力学が働けば三つの優位性が生まれるだろう。その優位性は、ここまでに挙げた実例の中で私たちがすでに探り始めているものだ。

第一に、組織内で自己表現や自分らしくあることが可能になればなるほど、仕事に対する取り組みとコミットメントが高まる（トスカーナの店主を思い出してほしい）。第二に、個人の違いを表明できるまさにその能力が、社員の創造性を高める。それにより、職場において明らかなメリットが、とりわけ革新性（レコード会社の例のように）と生産性が促される（逆に、

診断ツール

あなたが属する組織は
あなたの個性をどれだけ評価しているか？

1＝まったくそう思わない　2＝そう思わない　3＝どちらでもない
4＝そう思う　5＝とてもそう思う

- 私は家でも職場でも変わらない。

  1　　2　　3　　4　　5

- ありのままの自分でいられて楽だ。

  1　　2　　3　　4　　5

- 人との「違い」を表現するよう、全員に推奨されている。

  1　　2　　3　　4　　5

- 他のほとんどの人と考え方が異なる人間も、
  ここではうまくやっている。

  1　　2　　3　　4　　5

- たとえそれが衝突の原因となっても、
  情熱を持つことが推奨されている。

  1　　2　　3　　4　　5

- ここには色々なタイプの人間がなじむことができる。

  1　　2　　3　　4　　5

1か2をつけた設問には、継続的な注意を払う必要がある。スコアの合計が18を下回ったら、組織生活の中でも特にこの診断分野に、改善の必要があることを示している。本当に改善するための時間を組織にどれくらい与えられるかを自問すること。

というより考えてみればおそらく当たり前のことだが、人と同じであることが推奨され、個性が抑えつけられると、創造性は低下する)。第三に、個人が新たな異なる経験を求め、もっと自分らしくあり、そのために必要なスキルを得ることを奨励する組織は、リーダーシップ・パイプラインの質を高める(英国陸軍のように)。

社員の違いを積極的に認め、育てる組織は、今紹介した優位性のすべてを得られるだろう。ここからは、三つの具体的な方法をそれぞれ見ていくことにしよう。すでに、この方法を取っている組織がいくつかあることを確認している。ということは、他の組織でも採用可能な手段なのだ。

仕事に対する高い意欲とコミットメントを育てる

診断ツールの最初の二つの設問「私は家でも職場でも変わらない」と「ありのままの自分でいられて楽だ」は、私たちがインタビューをした人たちの中で、仕事に楽しく携わり、コミットしている人の気持ちを反映したものだ。売上伸び率、マーケットシェア、そしておそらく最も重要なポイントであるスタッフと顧客のロイヤリティを指標とした場合に、近年イギリスで最も成功しているとされる食品小売業、ウェイトローズについて考察してみよう。

ウェイトローズのリーダーたちは、優れた小売業であるかどうかは、スタッフがそれぞれ持つ「違い」によるところが大きいことを、しっかりと理解している。小売業は効率化が求められる業種だ。サプライチェーン・マネジメントやマーチャンダイジング（商品化計画）、食品の安全は、食品小売業を持続的な成功に導くために、絶対欠かすことができない。ウェイトローズはこのすべてを得意としている。さらに、この会社は事実上、協同組合となっている。社員はパートナーと呼ばれ、全員が会社の年間利益を共有する共同所有者でもある。であるから、スタッフの忠誠心の源は、あながち謎というわけではない。

それでも、この会社は社員の個人的な興味を引き出し、支援するためにあらゆることをする。ピアノを習いたいと思ったら、ウェイトローズがレッスン料の半額を負担してくれる。料理や工芸、水泳などに興味がある社員のために、クラブ活動も盛んだ。私たちの友人の父親は、この組織に勤めていたおかげでセーリングを習った。

ウェイトローズは、顧客体験《カスタマー・エクスペリエンス》に大きな差を生むような創造性あふれる小さなアイデアを大きく育てており、競争力を高め、維持している。ウェイトローズは、社員がありのままでいられて楽だと思えるような雰囲気づくりに力を入れている。また、社員には会社に来ることを楽しみにしてほしいと考えている。おそらくこれは、個々の社員が高い意欲を持ち、コミットしていることを示す最高の指標であろう。ある上級幹部は私たちにこう語ってくれた。仕事に来るということは「心の状態が健全であること」を意味すると。ここではあらゆる形態の違いが受け入れられている。ショッピングカートを集めるのが仕事のダウン症の社員について、私たちは素敵なストーリーを聞いた。その社員は毎朝職場に着くやいなや、店長にキスをするというのだ。

経営陣の業績査定システムは、単純な数値だけでなく、物事がいかに行われたかというプロセスも同じくらい重視している。ある上級幹部が語った「友人や家族が職場でたまたま私を見かけても、一目で私だとわかります」という言葉には心を打たれた。他の幹部はこのように説明している。「優れた小売業であるかどうかは、人とは少し違うやり方で仕事をする人物がどれだけいるかによるところが大きいのです。当社には、長年にわたってそんなスタッフがたくさんいます。そういう人材を大事にして、システムのせいで追い出してしまうことのないように注意しなければなりません」

民間資本によるロンドンオリンピック・パラリンピック組織委員会（LOCOG）のアプローチも、仕事に対する意欲を高めた好例だ。この委員会は、二〇一二年夏季大会の計画から実施までを監督する責任を負っていた。委員会は、年齢や性別、民族、障害の有無など、旧来の指標を使って、ダイバーシティとインクルージョン〔違いを受け入れ包み込むこと〕について自ら野心的な目標を設定していた。しかし、そのアプローチは、ただ単にポリティカル・コレクトネスを守るというよりは、さらに大きく踏み込んだものだった。委員会のCEOであるポール・ダイトン（前職はゴールドマン・サックス）は、オリンピックとは、民族的、文化的、宗教的、政治的、経済的バリアを取り除くことができる、他にはない機会であると説明している。「ダイバーシティとインクルージョンは、何をするときにも私たちの中心にある」と。例えば、「先駆者《トレイルブレイザー》ボランティア」というプログラムは、あらゆる年齢の人が「早期登録ボランティア」に応募できるようにとつくられたものだ。人事ディレクターのジーン・トムリンの言葉によれば、「引退した会計士もいれば、シティ（ロンドン中心部を指す言葉で、イギリス金融の中心地）の監査役、学校の先生、駐車場係官もいる。あらゆる職業の人々が有償スタッフとともに活動し、両者が互いに学び合っている」。つまりこれは、「『違い』とともに仕事をするための学習」という取り組みなのだ。

同委員会の成功を測る尺度のひとつが、興味深い統計の形で明らかにされた。委員会の仕事に数年間従事した社員は、性的指向に関する調査でゲイやレズビアンであることを進んで表明する傾向が強くなったというのだ。実際に、こうした数値が著しく上昇しているということは、委員会がカルチャーをうまく醸成できたという印だ。それは、スタッフのオリバー・スウィーティングが言う「私が私でいられる、そして他では決してできなかったやり方で仕事に没頭できる」カルチャーである。上手なダイバーシティ・インクルージョン戦略を取れば、ダイバーシティを超えた「違い」に到達できるということがわかるだろう。オリバーは今の自分が最高の自分だと述べた。

委員会が、多様な「違い」を持った社員が効果的に自分の仕事ができる職場をつくることに成功した理由は何だったのだろうか？　トムリンによると、主な要因は、委員会がどのような種類の組織を望んでいるかが完璧に明確であったこと、そして、「インクルーシブネス」（違いを受け入れ包み込んでいる状態・包括性）がその中心に据えられたことだ。彼らは多様な人々を採用した（トムリン自身、アフリカ系イギリス人だ）。そして、ダイバーシティを重んじた強い価値観を徹底させる新人教育プロセスを用いた。インクルーシブネスの柱のひとつひとつに対して擁護者（実行委員会ディレクター）を指名し、CEOのダイトンは自らがしっかりと支援することを明言した。開催地、法務、スポーツ、マーケティングなどの職務を含む、上級幹部チームのディレクターたちは、全員が強い意志を持つインクルーシブネスの唱道者だった。この価値観は、委員会の調達手順にまで組み込まれており、他のスポーツ組織にも積極的に働きかけた。トムリンは、単純な解決策はないが、ダイバーシティの価値観はその組織の行動のすべてに織り込まれなければならないとして譲らなかった。こうして、ダイバーシティは、問題としてではなく、資産として見られるようになったのだ。

創造性、革新性、生産性を高める

自分らしくあることを奨励する組織は、社員の創造性や革新性、生産性を高める努力を積極的に行う。このことは、本章の診断ツールの次の二つの設問に最もよく示されている。「人との『違い』を表現するよう、全員に推奨されている」と「他のほとんどの人と考え方が異なる人間も、ここではうまくやっている」だ。確かに、先に挙げた出版社の例は、チームのスタッフの多様性が創造性や革新性に良い影響をもたらすことを示している。もうひとつの例は、建築分野の企業としておそらく世界で最も創造性に富む、国際的エンジニアリング・コンサルティング会社アラップ・アソシエイツだ。シドニーのオペラハウスから、ポンピドゥー・センター、北京国家水泳センター（愛称「ウォーターキューブ」）に至るまで、象徴的な建造物の多くにはアラップのロゴが刻まれている。アラップはいかにしてこれを成し遂げているのだろうか？　まず、アラップが仕事にアプローチする際には、全体的な観点からその仕事を見る。例えば、アラップが吊り橋を建設することになれば、直接のクライアントが関心を持っていることだけでなく、その橋を使う地域にも目を向ける。このソリューションがクライアントだけでなく、社会にとっても役に立つようにするためだ。したがって、アラップの社員は、数学者や経済学者、芸術家、地元の政治家とも、同じように協力し合うことになる。それゆえに、多様なスキルの組み合わせや個性を取り入れられる能力を、同社の戦略の鍵であると考えているのだ。

「私たちは、簡単にはうまくはまらないような、面白い部品が欲しいと思っている」とフィリップ・ディリー会長は言う。「組織が秩序正しくなりすぎないようにすることが、今では私の仕事の一部だ[12]」。さらに、期待される型にはまらない人を雇うことが、アラップの企業カルチャーの一部となっているとも加えた。「自分の設計グループを運営したときに、何人かを実験的に参加させたことがある。そのとき私たちは数学者を雇った。そんな経費はクライアントには請求できない。しかし、彼は入社後に土木工学を勉強し、今では彼がいなければたどり着けなかったような場所に私たちを連れて行ってくれる存在になっている」と彼は言う。

当然のことながら、こんな世界では従来の査定システムは役に立たない。アラップは業績を数値で測定しない。また、社員がどのように成長すべきかについて、企業方針を明確にしていない。例えば、査定用紙には、翌年どんな仕事がしたいかを書き出せとしか書かれておらず、それ以上の指針もあえてほとんど書かれていない。「目標」欄には特に何の指示もなく、ただ四角い枠が書いてあるだけだ。さらに、業績評価の仕組みには数値による尺度がない。評価者はマネジャーと社員個人で、両者の合意によって業績評価が決まる。ディリーはこう説明する。「目標は四つだけとかいう査定用紙など望んでいない。そんなことをすれば、五つ目の目標が持てないじゃないか。社員にいつも言うのは、『君にはこれをしてもらいたいが、君のやり方でやってくれ。そしてそのやり方で私たちを楽しませ、驚かせてくれ』ということだ」

マネジャーは何を期待するかをはっきりと示すが、それをどう満たすかは個人が決める。自己決定の感覚が最優先され、アラップで働く人々にはこの感覚が叩き込まれている。「自己決定とは、進む道を自分で決め、成果を出すための説明責任を果たすことです」と人事担当の上級幹部は言う。「これをうまく進めるには、個人がそれを『プログラム』からではなく、企業カルチャーから肌で感じる必要があります」。したがって、アラップのカルチャーには、行うべき仕事や社員が社内でたどるキャリアの道筋に影響を与えるような、厳格なルールなどほとんどない。「責任は本社ではなく地域にある。個々の支社にあることも多い」とその幹部は加えた。「個人がどのように能力を伸ばすべきかについて、企業としての見解はありません。能力開発は自分ですべきことで、私たちはそれを支援するだけです」

これに応じて、報奨の原則においても、成長が必ずしも「バランスの取れたもの」でなくてもよいとしている。トップのリーダーたちも、特定の分野で深く能力を育ててきた。アラップは、創造性や技術の面で革新的な業績を残した者に、終身フェローの肩書きを与える。多くは、世界的な名声を得た専門分野におけるイノベーターだ。例えば、アラップの副会長のトリストラム・カーフレイは、オリンピックのために開発された北京の水泳競技場「ウォーターキューブ」の責任者を務めた。取締役でもある彼は、おそらくアラップの成功の秘密を最もうまく説明できる人間だろう。「極めて有機的で、極めて無秩序です。荒っぽいやり方で会社を動かすことはとてつもなく難しい。ひとりひとりが自己決定権を持っているのです。彼らを動かそうと思ったら、会社にとっても彼らにとってもそれをするのが良いことだと、ひとりひとりを説得して回らなければなりません。恐ろしいほど時間がかかって、ものすごくストレスがたまります。しかし、それが強みなのです！」

広く多様なスタッフを育てることは、革新性と創造性へ至るルートだ。そのチャンスと難しさは、前に述べたレコード会社の例にも現れていた。ユニークな登場人物たちは、驚くほど熱く創造的な議論をするために、ステージを周到に用意していた。私たちが仕事をしたことがある別の企業でも、同じような風景を見たことがある。世界で最も成功している製薬企業――グラクソ・スミスクラインやノバルティス、ロシュ、ノボノルディスク、メルクセローノなどがそうだ。このような場所にいるのは、もちろん才気あふれる極めて合理的な思考をする科学者だけで、頭の中はデータと研究プロトコルでいっぱいである。しかし、画期的な発明を生みそうな化合物について議論する研究セミナーに行ってみれば、彼らの論争が思いのほか激しいことに衝撃を受けるだろう。以前に（おそらく間違って）内向的だとレッテルを貼ってしまった人たちが、突如あふれんばかりに外向性を発揮し、自らの研究の優れた点を情熱的に大絶賛していた。その部屋にいる誰もが、自分が今すぐにでもノーベル賞を取れると考えている（もちろんほとんどがそうはならない）。しかし、ある企業の研究開発の上級部門長は私たちにこう説明してくれた。「研究者は、自分のアイデアが持つ力を完璧に信じていなければならない。たとえそれが間違っていたとしてもね！」。レコード会社の幹部がアーティストを信じていたのとちょうど同じように、科学者は自分のアイデアを心の底から信じる必要がある。実際のところ、製薬会社が抱える開発初期の新しい化合物の中で、製品になるものはほとんどない。つまり、真に革新的な製薬企業は、開発の初期段階では、イノベーションの間口をできるだけ広く保つ努力をしているということだ。

モエ・ヘネシー・ルイ・ヴィトン（ＬＶＭＨ）は、ラグジュアリー製品を扱う世界最大の企業だ（しかも急速に成長している）。もしこの会社に行くことがあれば、マーク・ジェイコブスやフィービー・ファイロのような、才気あふれるクリエイティブなイノベーターを見つけられるかもと期待するのは当然だ。そして実際に見つけることになる。ロンドンにあるグローバル研修センター「ＬＶＭＨハウス」を訪れ、エントランスホールを通り抜けると、壁に飾られた著名な世界レベルのファッションデザイナーやシェフ・ド・カーブ（醸造最高責任者）、調香師たちの写真が目に飛び込んでくるだろう。

しかし、このような素晴らしいクリエイティブな才能の持ち主だけではない。クリエイターのアイデアを、ビジネスの視点で客観的に監視・評価することに注力する人材が予想以上にいる。ＬＶＭＨの成功の鍵のひとつは、こうした正反対の種類の人間が成長し、まさに互いに協力し合って仕事ができるカルチャーを熟成できる能力を持っていたことだ。同社は、人が情熱的になれる一方で、その情熱を表現する手段としてのカルチャーを持つ必要があることも認識している。同社にはオートクチュールやジュエリーのちょっとイカレたデザイナーたちを面白おかしく皮肉ったジョークがある。彼らが最新の「妄想」の販売見込みについて、数字に恐ろしいほど強い会計士たちに容赦なく質問攻めにされているというものだ。不思議なことに、彼らはお互いが必要なことを理解しているようだ。ひとつには、クリエイターの選考方法に理由がある。例えば、LVMHは有名になりたいクリエイターをあえて求めている。こうした人たちは、売れる可能性のあるアイデアを精査してくれる人の手腕をありがたいと考える傾向が強い。

同じように、レコード会社の可能性を評価したければ、レーベルの創造性を支える原動力となる部署と、財務ディレクターがいる場所の距離に注目すればよい。財務部門が隣のブロックのビルに入っているようだと、おそらく問題ありだろう。優秀なレコード会社には、多様な才能が必要だ。革新的な感覚を持つタレントスカウト、優れた財務担当者、能力の高いマーケター、そのすべてが混ざってひとつのチームになっていなければならない。どれかひとつのタイプだけで組織を支配しているようであれば、組織の優秀さと創造性が損なわれるのは避けられない。例えば、アーティスト・レパートリー担当部門（新しいタレントの発見に責任を負うグループ）の力が強すぎる状況を許してきたレコード会社は、当然の結果として商業面への注力が削がれることになった。また、もっと最近の話として、ＥＭＩは、財務部門が力を持ちすぎて、スター性と創造性を備えたタレントを会社が抱え続けることができなくなっていた。

しっかりとしたリーダーシップ・パイプラインを構築する

人との違いを表現することが推奨されている組織であれば、将来のリーダーも育っている。診断ツールの「たとえそれが衝突の原因となっても、情熱を持つことが推奨されている」と「ここには色々なタイプの人間がなじむことができる」が、将来のリーダーを育成する仕組みをきちんと整えている職場かどうかが反映された設問である。

ただし、いわゆる「リーダー」育成の仕組みの多くは幻想である。世界で最も進んだ企業の多くが持っているのは、実は「マネジャー」育成の仕組みで、ここまで論じてきたとおり、丹念に磨き込まれたマネジャーが効果的に輩出されている。それ自体に何も悪いところはない。大きな組織にはマネジャーが必要だ。しかも多数必要だ。しかし、過去一〇年以上にわたって耳にしてきた不満は、「リーダーの役割を務めることができる人間が、どうしてこんなに少ないのか？」だった。

他者を刺激してより高い成果を目指すよう仕向けるのは、マネジメントではない。まさにリーダーとしての仕事である。にもかかわらず、そうすることに個人が持つ「違い」を活用できなかった、あるいは活用しようとしなかったからというのが、前述の疑問に対する私たちの答えだ。私たちの前著のタイトルに据えた問い「なぜ、あなたがリーダーなのか？」は、本当は「あなたが持つ『他者と異なる点』で、他の人を刺激できる可能性があるものは何か？」という意味だ。

であるから、うまくいくリーダーシップ・パイプラインを構築するには、個人が自分を十分に知り、それを示すことができるプロセスを促進することが必要だ。それができるのは、社員が自分のユニークな性質に気づき、業績を上げるためにその性質を有効に活用できるような組織だけである。グローバル大企業の多くはこの問題に取り組んでおり、一定の成果を見せている。例えば、私たち自身も関わった、ユニリーバ、ネスレ、ロシュ、ＰｗＣ、ノバルティス、ハイネケンなどだ。

おそらく、人々の違いを活用する（そして最終的にはリーダーシップのチャネルに送り込む）雇用慣行について、私たちが見つけた最も珍しい例は、ハウス・オブ・セントバーナバス（ＨｏＳＢ）だろう。ここは、ロンドンでちょっとひねりの利いた会員制クラブを経営している。それは、一八四六年に始まった、ホームレスのために奉仕するロンドンのチャリティー団体だ。なんと非営利なのだ。実際のところ、ＨｏＳＢは、新しいタイプの「ハイブリッド」な職場のモデルを示す可能性を秘めている。個人の富裕層から、ソーホーのクリエイティブな業界にいる人、そしてホームレスに至るまで、ひょっとすると想像しうる限り最も幅広い人々を呼び集め、多くの面で違いを生むことができる職場だ！

「あなたの命はひとつで、あなたはひとりの人間です」と会長のデイビッド・エバンスは言う。「それを区別することになど意味はありません。倫理的に誤りであり、商業的にも無意味です。人は、自分を表現できればもっとよく働きます。ただし、私たちの仕事では、注意が必要なこともある。非営利と営利という異なる世界をひとつにまとめているのだから」

ＨｏＳＢクラブの歴史がふたたび新たな展開を始めたのは、二〇一三年にエバンスとＣＥＯのサンドラ・シェンブリが、「ホームレスの持続的雇用」という理念を掲げた会員制クラブとして再開したときだ。これにはお金とちょっと過激な行動が必要だった。ロンドンのソーホー地区にある少々荒れていた建物（チャペルつき）を、バーやレストラン、会議室、庭園を備えたフルサービスのクラブにつくりかえたのだ。そして、ロンドンで最も先鋭的な現代アーティストの作品で飾った。資金は、信託や基金、社会的投資機関からの貸付や、大規模な外食企業であるベヌーゴからの投資などを通して集められた。ベヌーゴは実に効果的にこのチャリティー団体とパートナーを組んでいる。クラブの会費や収入から生まれた余剰金は、このチャリティープログラムのホームレス参加者向けの「就職アカデミー」の資金になる。ＨｏＳＢが支援をするのは、一定基準（薬物を使用していないなど）を満たした人だけだ。その主なモットーは、「雇用不適格から、就職へ」である。

「雇用するときには、その人の人となりについての質問をたくさんして、どの程度適合できるかを確認します」とシェンブリは言う。「『自分自身について何でもいいから話してください』と聞きます。私たちは、その人に働いてもらって大丈夫だということをはっきり伝えたいのです。しかし同時に、彼らにも私たちの理念にしっかりと共感してもらわなければなりません。変化の設計者になりたいと思ってもらうために！　違いを許容し、これまでと違ったやり方で働くという心構えをしてもらわなければならないのです。これから、ここの（就職アカデミー）プログラムの卒業生と肩を並べて働くことになるのですから。ペースが速く過酷な業種なので、辛抱強さを示し、他人を教えるのが好きで、他人の潜在能力を引き出すことに熱心で、参加者が何でもできるわけではないことを理解しなければならないのです！」

ＨｏＳＢは、会員の構成にわざわざ「違い」を組み入れる努力もする。例えば、応募者への質問のひとつに「あなたの個性は何色？」というのがある。シェンブリはこのクラブの会員選抜プロセスが「少し変わっている」ことに触れて、こう言う。「導入のプロセスはある。だけど、教え込むようなことはしません」

人々の違いを、彼らが持つ独自の知識や才能を最大限に引き出すことには、明らかにメリットがあるように思える。それでも、それを実際に行っている企業があまりに少ないことは、驚くにはあたらない。控えめな言い方をすれば、実行がとても難しいということだろう。ひとつには、バイアスを認識するのは簡単ではないということだ（あの熱心な副学長が、最初は、活発な研究活動が行われているのは、深夜の理系の研究室だと決めつけていたことを考えてみてほしい）。しかしもっと根本的なところでは、個性を育てようとする取り組みは、明確な報奨制度やキャリアパスをつくることによって、組織の効率を高めようとする取り組みと衝突するということだ。

予測がつくことばかりを求めることの危険性については、本章の前半で述べた。これをすると、行き着く先は、エミール・デュルケームが警告した型にはまったカルチャーになる。幸いなことに、私たちが研究した企業の中でも、とりわけＬＶＭＨやアラップ、ウェイトローズのような企業は、デュルケームが論じた、生産性を高めるために違いを活用する「有機的連帯」でつくり上げられている。こうした企業はなぜわざわざそうするのか？　これを一番上手に説明するのは、アメリカ最大の相互生命保険会社、ニューヨーク生命のトップであるテッド・マサスだろう。「私がＣＥＯに指名されたとき、最大の懸念は『この仕事に就いて、私が考えたことを正直に発言できるのだろうか？』ということだった。良い仕事をしようと思ったら、自分らしくあることが必要だったからだ。私だけでなく、誰でもそのはずだ」

次の章では、人々が求めているもうひとつの組織の原則について検討する。実際に今起こっていることを知ることができ、重要な企業情報が隠匿されないことである。考えてみると、あなたの違いが認められ、評価される企業では、「徹底的に正直であること」と「自分らしくあること」には密接な関係がある。あのイタリアの町の店で起こっていることであり、レコード会社の社員が毎日仕事にやってくる理由でもある。また、英国陸軍のような組織が堅固なリーダーシップ・パイプラインをつくる手助けにもなるものだ。すべては、人を個人と見なし、「他とは違うにもかかわらず」ではなく、「違うからこそ」、敬意を持って扱うということである。

▼リーダーがとるべきアクション▲

◆**さまざまな特性の中でも、特に思考プロセスや人生経験の「違い」を理由に人を雇う。**面接では、応募者の歴史や背景を探ろう。そこから、その人が自分や世界をどう見ているかが照らし出されるからだ。調査会社だけに頼るようなことはしないこと。彼らは「いつもの代わり映えのしない人たち」のリストをつくる傾向が強い。普段とは違う場所で見つけた才能は、ノートに記録して手近に置いておこう（アラップの例を思い出して）。この聞きなれたアドバイスを忘れないように。「物事に対する考え方で雇い、才能は鍛えよ」

◆**採用選考と新入社員教育を人事部に任せっきりにしない。**面接は連続して行う。そうすれば、それぞれの候補者について多様な視点が集められる。うまくやれば、違いを発見する可能性を高めることもできる。人への投資は企業にとって最も重要なものだ。人事部は、社員を受け入れる部門の幹部が必ず採用プロセスに関わるようにし、新入社員の中にある「違い」を見出して、それを守るためのあらゆる努力をすることが大切だ。

◆

違いとその表現方法にもっと寛容になる。これまでの社会通念では、リーダーは、社会学者が「認知的コンフリクト」（アイデアの衝突）と呼ぶものを奨励し、「感情的コンフリクト」（感情の衝突）を抑制すべきとされてきた。私たちが行った観察の結果、パフォーマンスが高い組織では、少々の感情の衝突は実際のところ悪いことではないと考えるに至った。感情は職場のエネルギーの主な源である。個人の感情を表現できる時間を、会議に組み入れること。

◆

「キャラクターのある人」が持っている違いをさらに育てる。顧客に一流の体験をしてもらえるかどうかは、役割に対する期待を超えるスタッフがいるかどうかによって決まる。条件が整えば、それはイタリアの小さな町に限定されるものではない。「キャラクターのある人」や、それ以外のタイプのユニークな人材も、組織の中での役割がある。職務記述書を超えて仕事をする人に対しては報いること。

◆

評価指標は、創造的な驚きが生まれる余地があり、成長曲線に違いがあることを認識できるように設計する。組織の時間に「ゆるみ」を持たせて、さまざまな試みが可能なようにすること。現在では、組織にイノベーションが可能なのは、個人やチームに新しいことを試みる余地が認められたときのみということが明らかになっている。これは3M（スリーエム）がこれまで数年にわたって用いてきた手法であり、最近になってグーグルが有名にした手法である。実験には失敗がつきものと認識すること。

◆**価値観に対する見解の一致を求めながらも、個人が創造的な表現をする余地を認める。**リーダーの重要な仕事は、組織の結束を生み出すことである。しかし、均質であることを強いずに、結束することは難しい。創造性はダイバーシティで高まるが、多様性を管理することは難しい。この難問は、行動については創造性を認めつつも、価値観については見解の一致を求めることで解くことができる。

第2章

徹底的に
正直である

今現実に起きていることを伝える

Practice
Radical Honesty

Communicating
What's Really Going On

二〇一〇年四月、ルイジアナ州の沖にあるBPの石油掘削装置「ディープウォーター・ホライズン」の坑口装置が爆発。作業員一一人が死亡し、原油の流出が始まった。メキシコ湾への油の流出は八七日間にわたった。坑口装置にキャップが取りつけられるまでに、二億ガロンの原油が海に流れ出し、大量の魚や野生生物が死に、生態系にもダメージが及んだ。[1] その間、BPは広く批判にさらされた。対応が後手に回った、あるいは一部の見解によると、どれほどの惨事であるかをきちんと認めなかったというのがその理由だった。

例えば、「CEOのトニー・ヘイワードが『非常に大きな海』に比べれば、原油と油処理分散剤の量は『比較的少ない』と話した」という報道があった[2]（メディアによる事故の見方の一例として、後述の囲み記事「透明性とBP原油流出」を参照のこと）。さらに、BPの八万人を超える社員に送信されたEメールがリークされ、ヘイワードが災害後の士気の急落と社員の減少に対応しようとしていたことも明るみに出た。[3] さらに、別の報道によると「Eメールの中に、大きな失策が少なくともひとつあった」。「ヘイワードは、皆が働いている環境は安全だと社員を安心させようとし、危険だと主張するメディア報道を特に強く否定した」。しかし、石油掘削装置の爆発が誰の記憶にも焼きついていたため、CEOの「認識をめぐる戦いに勝ち目はなかった[4]」。

組織には、このような認識をめぐる戦いに足を踏み入れざるを得ないことがある。この戦いに対処するために、企業は社外コミュニケーションの専門部署を設けるようになった。しかしBPの例が示すとおり、社内コミュニケーションの管理も同じくらいに重要だ。まさにこの問題が、優先度の高い課題となっている企業もある。「本物の」組織を構築するために必要なのは、他ならぬ、緻密で正直な社内コミュニケーションのプロセスだったのである。

この章では、「徹底的に正直であること」を実践することが、どのように役に立つのかを考えていく。それによって、社員の忠誠心やプライド、信頼が育つのである。

まず、「徹底的に正直であること」の意味を定義することから始めよう。特に、組織が社員や外部に対して、完全にオープンでいることが妨げられてしまうメカニズムを検証する。例えば、組織に対する忠誠心からできるだけ良く見せようと、最悪の事態すらも良い方向に解釈しなければならないと考えてしまうリーダーがいる。BPのトニー・ヘイワードは間違いなくそうだった（ヘイワードはその後二〇一〇年七月にCEOを辞任した）。いずれにせよ、原油流出事故から現在に至るまで、BPがコミュニケーションをもっとオープンにすることによって、一般の人々や社員の信頼を回復することに力を注いできたことを私たちは知っている。例えば、先進的な方法でソーシャルメディアのサイトを運営した。この章の後半では、組織内で本当のことを話すべき理由として、技術、心理、組織の面から現実を詳しく見ていく。最後に、前の章と同じく、自分の組織がどれくらい「徹底的に正直であるか」を判断するための診断ツールを用意している。その後には、企業の内外でオープンなコミュニケーションを育てるための提案も用意している。

透明性とBP原油流出

二〇一〇年四月、メキシコ湾岸でアメリカ史上最悪の原油流出事故が発生したが、BPはそれがまるでたいしたことではないかのようにふるまった。影響を受けた人や広く社会全般に情報を共有せず、そのことによって被害者の傷に塩を塗り込むことになる。ソーシャルメディアのサイトでは、今何が起こっているのか、人々が真実を求めていたが、BPはこれを無視した。例えば、流出が発生してから一週間後の四月二七日まで、BPは事故に関するツイートを一度もしなかった。ソーシャルメディアにとっては永遠と言っていいほどの長い時間だ。この頃までには、多くの人々がBPの冷淡さをあげつらうようになっていた。コメディアンのジョシュ・シンプソンは、@BPGlobalPRというツイッターのパロディアカウントをつくった。彼の淡々とした「なりきり」ツイートは、初めのうちはオフィシャルアカウントとの区別がほとんどつかなかった。フォロワーは一八万人に達した（これに対して、現在のＢＰオフィシャルアカウントのフォロワーは一万八〇〇〇人）。ユーチューブにアップされたパロディビデオ「ＢＰがコーヒーをこぼした――とても広いテーブルの上では極めて小さな流出だ」は、現在までに一一五〇万ビューを稼いでいる。「ＢＰ　Ｔｗｉｔｔｅｒ」でグーグル検索すると、今でも検索結果のトップに出てくるのはパロディのツイッターアカウントだ。そして本稿執筆の時点で、検索結果の一ページ目は、ひとつを除いてすべてのリンクが、パロディアカウントについてのものだ。[a]

a．Joanna Walters, "Timeline: Most Notorious Marine Oil Spills in History," *Telegraph*, March 23, 2014, http://www.telegraph.co.uk/earth/ environment/10717493/Timeline-most-notorious-marine-oil-spillsin-history.html; Alan Mascarenhas, "BP's Global PR vs. BPGlobalPR," *Newsweek*, June 4, 2010。

出典　Jamie Notter and Maddie Grant, *Humanize: How People-Centric Organizations Succeed in a Social World* (Indianapolis, QUE Publishing), 104-105 からの抜粋。

どうすれば「徹底的」に正直になれるか？

徹底的な正直さとは何か？　私たちの定義では、近年求められる「組織の透明性」よりも一歩踏み込んだものになる。私たちが描く「徹底的に正直であること」の原則は、「事後的というよりは事前的。スピーディー。率直さで人々を驚かせる。意見が異なることを奨励する。最後に、社員と幅広いステークホルダー（株主、顧客、サプライヤー、規制機関、より広い社会）の両方と向き合う」というものだ。これらすべてに、多大な努力と首尾一貫した行動だけでなく、自由なコミュニケーションのあり方も求められる。私たちはデータがあふれる世界に住んでいるため、リーダーや組織は、人の心を引きつける力のあるコミュニケーターである必要がある。そうでなければ、さまざまなノイズの中にメッセージが埋没してしまう。

「本物の組織」が、このようなノイズの中から、情報の流れをはっきりと浮かび上がらせる方法を見つけられるのは、こうした理由からだ。彼らは「自分の仕事が遂行できるように、今実際に起こっていることを知りたい」という社員のニーズを尊重して、あったことをありのままに語る。あらゆる組織にとってこれは重要なポイントだ。規模の大小や、官か民か、業務の複雑さやスピードは問わない。今や、あらゆる組織はコミュニケーションビジネスに携わっていると言える。そこには皆が守らなければならない義務がある。「誰かがあなたに代わって本当のことを言ってしまう前に、あなた自身が本当のことを言おう！」

取締役会に提出するエグゼクティブチームの四半期報告書を全社員に共有するグーグルの透明性は、まさにこれにぴったりの事例だ。グーグルの現会長で前CEOのエリック・シュミットはこう言った。

> すべてを共有することを、自分のデフォルト〔初期設定〕にしてしまおう。（略）さいわいチェックプロセスの責任者は、「すべての情報を共有する」とは、「外部に漏れても問題がなく、誰の気持ちも傷つけない情報に限ってすべて共有する」という意味ではないことをわきまえている。「法律あるいは規制で禁じられているごくわずかな事柄をのぞき、すべて共有する」という意味だ。この違いは大きい！　だから、特定の文言やパラグラフを削除したいという人は、その正当性を具体的な根拠をもって証明しなければならない。生半可な根拠では、およそ通らない。[5]

私たちが極めて高く評価した組織は、「都合よく解釈を加える」ことなどしない。「本物の」組織について私たちは多くの人々と語り合ってきたが、皆口を揃えて「企業秘密という旧世界はもう終わった」と言う。そして、組織はこの現実に追いつこうとして、まだ追いつけていない。この劇的な変化には、社会、政治、テクノロジーのそれぞれの面で複雑な理由がある。

社会という面では、二つの現象が同時に発生している。ひとつは組織に対する世間の信頼が下がっていること、もうひとつは、明らかに権限に従わない傾向が強くなっていることである。[6] 政治の面では、立法府が対象範囲の広い「情報公開法」を制定して、こうした社会的変化に対応してきた。この法律は、問題点はあるものの、情報にまつわる状況を劇的に変えた。テクノロジーという面においては、ソーシャルメディアの爆発的普及が状況を一変させた。これは、官民両方の組織が、新しい情報共有の課題に直面せざるを得なくなっていることを意味している。

どのような事態においても、古い慣習である「隠ぺい」はもはや役には立たない。都合よく解釈を加えたりすると、逆効果を招いてしまう。現在では広く深い情報が手に入るため、一般の人々が物事をよく知るようになり、広報情報には簡単に左右されなくなっている。次の例を考えてみよう。あの凄惨な九月一一日の同時多発テロの翌日、イギリス政府の広報担当官が同僚に、マンハッタンで今まさに進展中の事件に圧倒的な量のメディアが注目するだろうから、「今日は悪いニュースを（政府の発表や新聞の目立たない場所に）隠すのに最適な日だ」とアドバイスしたことが暴露された。この広報官は失職した。彼女の上司である大臣も評判を落とした。そしてこの顛末は、トニー・ブレア政権に批判的な人たちによって、病的ともいえるニュース操作が常習的に行われていたことを証明する実例として、広く利用されることになった。

もっと最近の出来事としては、イギリスの小売企業テスコが販売するビーフバーガーに、馬肉が含まれていたことが明るみに出た例が挙げられる。同社はただちに公に謝罪を表明し、調査と必要な措置を取ることを顧客に約束した。しかし、テスコの公式な声明には、これは「食品業界全体の」問題だという主張も挟み込まれていた。これに他の小売業者が不満を表明した。中でも、地元のどこから肉を仕入れているかを直接把握している小規模な家族経営の肉屋の不満は大きかった。イギリスの広告基準局がその後に行った調査によって、テスコはさらに悪評を買うことになる。「すべての小売業者とサプライヤーの問題」であるとほのめかすような主張をしたとして、正式な訓告を受けたのだ。善意から出た謝罪すらも、裏目に出ることがある。[7]

未来のベストカンパニーは、当然のこととして「正直であること」と「オープンであること」を実践する。そして正直さとオープンさは、本書で検討する他の五つの組織原則を完全に実現するための基礎となる。他の五つとは、社員が自分らしくいられる企業（第1章で検討済み）、社員の価値と強みを伸ばす企業、正直な企業アイデンティティが浸透し、「本物であること」に根差している企業、仕事が意義あることに感じられる企業、そして邪魔になるような愚かな規則がない企業である。

では、企業はなぜ情報のチャネルを開けられないことがあるのか？　その理由をしっかりと調べていこう。

徹底的に正直であることを邪魔するものは何か？

この質問は見た目よりもかなり複雑だ。この問題を解明するひとつの理論的な解釈は、ドイツの社会学者ユルゲン・ハーバーマスの著作から得ることができる。[8] 彼は、社会における力関係および対人関係における力関係を、コミュニケーションのパターンと結びつける理論を展開した。それによって、力がいかにしてコミュニケーションをゆがめるかを説明している。今ある力関係を正当化したい強者にとって、コミュニケーションの重要性はますます高まっている。言い換えれば、コミュニケーションはますますイデオロギーの色を持つようになっている。また、なぜ職場の力関係もコミュニケーションをゆがめるのか、それも、メンバー同士の力関係のせいで業績管理を正直に話し合うことが難しくなるレベルにまでゆがめるのかについても、説明がなされている。この視点によって、情報の多くが、上級幹部にたどり着くまでにきれいに無害化されてしまう理由も説明できる。ここでも、力が最も望ましい結果を得る妨げになってしまっているのだ。

「組織は正直であるべき」など、ほとんど使い古された決まり文句に聞こえる。ならば、なぜすべての企業がもっとオープンなコミュニケーションを取っていないのだろうか？　率直で、完全で、明確で、タイムリーなコミュニケーションを邪魔するものは多数ある。一部の幹部（おそらくBPの前CEOトニー・ヘイワードなど）が、組織への忠誠心から、悪い出来事を聞こえ良く変えなければならないと感じてしまうプロセスについてはすでに述べてきた。他にも、「知る必要のある最小限の人にだけ知らせる」ために情報を細かく分けることを、効率を維持するためには重要だと考えている管理職がいる。また、ある一定の情報でスタッフを「心配」させたくない、あるいは解決策がわかる前に問題を特定されたくないために、慈悲深さの仮面をかぶった父権主義を実践する者もいる。もちろん、家庭からグローバルな大企業に至るまで、あらゆる組織は政治的であるということも注目に値する。本当に問題なのは、このように政治的になることが、物事を成し遂げる助けになるか、邪魔になるかである[9]。

　BPでは、良くない知らせを伝える人になりたくないという気持ちがあり、特に社員の生命が失われた後では、それはとりわけ苦しく、深く人間的な感情に思えた。あるBPの前幹部は「どうしてこんなことが起こり得たのか？……という不信感があった」と私たちに語った。そして損害の事実と程度が明るみに出ると、この会社に勤めていることを隠したがる社員も出てきたとも言った。

たとえそうであっても、経営陣の多くは、ニュースをもみ消したり発覚を遅らせたりしようとする人間の性向が、重要な情報の流れを詰まらせることがあるということをよく知っていた。一九九〇年代に製薬会社のノボ ノルディスクに起こったことがその例だ。当時、同社のデンマークのインスリン生産施設が、アメリカ食品医薬品局（FDA）の規制に大きく違反していることが明らかになり、当局がアメリカ市場から同社のインスリンをほぼ追放したのだ。良くない知らせは決して取締役会まで届かないことになっている企業カルチャーのせいで、CEOのマッズ・オブリセンが事態を知ったのは、どんな手を打つにも遅すぎるタイミングになってからだった。この章の後半で、ノボ ノルディスクが事態を修正するために、社会に対してどのような手段をとったかについて検証していくが、ここでは、同社が企業カルチャーと品質管理プロセスを見直すのに長く厳しい時間が必要だったと言えば十分だろう。

「進歩的な」組織でさえ、時には自分たちのやり方をオープンにすることに抵抗を示してきた。彼らは、社会的・政治的に企業に規制を課して情報を開示させようとしても、あっという間に単なる「チェックリストに記入するだけ」の茶番に成り下がると主張する。一方、雑な介入では意図しない結末を迎えることが多いという主張も正しい。二〇〇二年に成立したサーベンス・オクスリー法（SOX法）は、監査プロセスを通して組織のステークホルダーに対する透明性を高めることを目指した、アメリカの規制当局による試みである。結果論になるが、同法の制定はこのプロセスを改善しておらず、むしろ単純作業化してしまったと見ることができる。監査役は、ただ「質問をして、回答を得た」と言い張るだけで、簡単に責任を放棄することができるからだ。

一方で、社員は、自分の生活や暮らしに大きな影響を及ぼすような組織に関する情報を、タイムリーに適切に得たいと強く望んでいる。これは認めざるを得ない気持ちであり、異論を唱えることは確かに難しい。

なぜ、正直にならなければならないか？

人々は企業に対して、正直かつオープンであるべきだと求めており、企業はこれを真摯に受け止めるべきである。これまで述べてきたように、そうすべき主な理由だけでもかなりの数が明らかになった。おそらく当然のことながら、こうした理由はすべて、組織のグローバルな活動全体のあちこちに影響を及ぼす。というのも、グローバル化が進めば、透明性の基準はますます国際的になるからだ。

コミュニケーションのパターンや透明性に対する期待に、国や地域の文化による差がないと言っているわけではない。しかし、変化を後押しする主な力はますます国境を超え、共通のものになってきている。私たちは、そのなかから三つの要素に注目した。テクノロジー面での現実、人間の心理的要求、組織と規制の変化である。

テクノロジー面での現実

現代社会を最も特徴づけるもののひとつは、一日中、ありとあらゆる情報が氾濫する、その凄まじさだ。テレビのチャンネル数は数千にのぼり、ｉＰａｄやスマートフォン、その他の機器も加勢して、私たちを飲み込まんばかりだ。同様に、フェイスブックやツイッター、インスタグラムなどのソーシャルメディアが爆発的に広がっている。これらのすべてが、企業秘密という旧世界がもはや終了したことを意味している。これまでにも述べてきたとおり、企業は事実を共有すべしという新たな義務が生まれた。それを怠れば、誰か他の人によって世間に暴露されてしまう恐れがあるのだ。

まさに、過去に想像していた以上に、組織の評価資本の重要度が増している。しかも、脆さ、壊れやすさも増している。ＢＰの例は、特に自分たちの弁護に追い立てられている状況にすでに直面している場合に、テクノロジー（この場合はツイッターとユーチューブ）が組織をどれほど大混乱させるかを明らかにした。

しかし、アマゾンやグーグル、スターバックスなどの比較的新しく信頼されているブランドでさえも、できれば社内にとどめておきたかったことが公に明らかにされることによる痛みを、おそらく経験したことがあるだろう。この三社は、「約束を果たすことに対するコミットメント」などの基準に照らして評価を受ける際には、必ずと言っていいほど模範とされるブランドだ。しかし、二〇一二年から二〇一三年にかけて、この三つの組織はいずれも、相当な額の収益に比較して国内での納税額が少額であるとして、イギリス国内で公然と容赦なく追及された。二〇一一年、アマゾンはイギリス国内での売上高二億七〇〇〇万ポンドに対して、わずか一八〇万ポンドしか納税しておらず、同年グーグルはイギリス国内で二五億ポンドの売上高を記録したにもかかわらず、課税額はわずか三四〇万ポンドにすぎなかった[10]。

おそらく最も注目を集めたのは、スターバックスの事例だろう。スターバックスはイギリス国内において一三年間の営業で三一億ポンドの収益を上げたにもかかわらず、税金は八六〇万ポンドしか払っていなかった。二〇〇九年から二〇一二年にいたっては、法人税をまったく払っていなかった。会長兼CEOであるハワード・シュルツのよく引用される発言「本物であることが私たちの信念だ。私たちのあり方の一部であると言ってよい。より高い収益を上げるために自分自身のあり方に妥協するなら、私たちは何を達成したというのだろう?」とは裏腹に。イギリス下院の決算委員会は、他社の事例を鑑みても、イギリスでの営業期間のほとんど毎年が赤字だったとするスターバックスの主張については「信じ難い」と結論づけた。[11]
決算委員会が行ったスターバックスの調査は、一般市民の大きな関心を集め、多くのメディアが取り上げげた。プライムタイムのニュース放送や新聞の第一面だけでなく、ありとあらゆるハイテク関連の会場でも放送された。結局スターバックスは、顧客の声が「はっきりと」届いたとして、収益にかかわらず、二〇一三年に一〇〇〇万ポンド、二〇一四年にも同額の法人税を払うことを約束した。[12] しかし、少なくともイギリス国内でのスターバックスの評判は大打撃を受けた。

人間の心理的要求

私たちの調査によると、社員やステークホルダーが知りたがるのは、たったひとつのことだという。それは、「実際のところ、この組織では今何が起こっているのか?」ということだ。何もわからないまま暗闇に取り残されることを好む人などいない。たとえ事実が耳にしたいことではなくても、良くない知らせを控えられたり、取り繕われたりするよりも、率直なコミュニケーションを通して、敬意を持って扱われたいと思っている。知りたい、情報を得たいというのは人間の欲求だ。何が起こっているかわからないときに感じる、無力感を和らげるためでもある。これは、「旅行者の不満」などと呼ばれるものによって説明することができる。

鉄道や航空機で旅行する人は、出発前か旅行中のいずれかの時点で（そして荷物が紛失したら旅の後も！）不満を感じることが多い。不満の種は数知れない。出発の遅延、ひどい混雑、高いチケット代金、不味い食事、不機嫌なスタッフなどだ。しかし、常に不満のトップにあるのは、単なる情報不足だ。列車が遅延すれば、理由を知りたい。航空機が目的地を変更したり欠航になったりすれば、説明が欲しい。良くないニュースかもしれない。しかし、少なくともニュースはニュースであり、状況をコントロールしているという感覚を取り戻させてくれる。現実にはその感覚がまったくの錯覚であったとしても。

この現象の極端で悲劇的な例が、二〇一四年三月初旬に起こった。マレーシア航空三七〇便が行方不明になったのだ（本稿執筆の時点で正確な消息は謎のまま）[13]。クアラルンプールから北京まで飛ぶ予定だった旅客機は、離陸から一時間も経たずに管制との交信を絶った。問題は、この悲劇の事実そのものだけではなく、航空機に乗っていた二三九名の家族・親族に対して、愛する者たちの運命についての初期情報がほとんど提供されなかったことだった。例えば、航空会社は航空機が行方不明になった直後に、義務として国連機関に報告していたが、家族には開示されなかった。さらに、ある報道によると、航空会社と航空管制官との連絡が途切れていたことも、捜索・救助の取り組みが遅れた原因のようだった[14]。混乱と誤解を招くような情報が行き交う中、やっと捜索が始まったときには、航空機のコクピットから最後に連絡があってから四時間が経過していた。

不幸にも、わずか四カ月後に別の悲劇がマレーシア航空を襲った。二〇一四年七月一七日、アムステルダムからクアラルンプールに向かうマレーシア航空一七便が、ウクライナ上空で撃墜されたのだ。新たな惨事が発生したばかりであったにもかかわらず、二〇一四年八月初旬にマレーシア政府は公式サイトに三月の悲劇に関する広報を掲載した。声明は「五カ月にわたって行方不明機の捜索を行ってきたが、この期間の航空機捜索に対する私たちのコミットメントは一貫しているうえに、さらに強くなったということを、マレーシア航空三七〇便搭乗者のご家族・ご親族のみなさまにはっきりとお伝えしたい」というものだった。ここには、行方不明の乗客の家族の要望と、コミュニケーションの継続を求める人間としての欲求に対する意識が改善されたことが示されている。この声明では、航空機が方向を転換して向かったと考えられるインド洋の海底でさらに詳しい調査を行うために、オーストラリア政府がフグロ・サーベイ社と契約を結んだことを明らかにした。[15]

組織と規制の変化

これまで二〇世紀を代表する大きなグローバル組織をひとつにつないでいたものは、階層構造や組織図、職務内容の定義だった。そのような構造の中では、「知る必要のある最小限の人にだけ知らせる」という原則にのっとって知識を分割して届けていたため、情報の流れは比較的簡単に管理・コントロールできていた。

しかし、組織が知識に依存するようになればなるほど、高いレベルの柔軟性とあいまいさを生む多次元のマトリックス構造が強まる。そこでは、自由なコミュニケーションのシステムが絶対に必要となる。[16]例えば、複合的な医薬品の開発や、大型民間航空機の設計と製造、新たなモバイル通信技術のイノベーションは、従来型の階層構造の中では前に進めることすらできない。必然的に、階層構造の長い階段を上ったり下りたりする必要のない、よりスピーディーで柔軟な関係と、より簡単な情報の流れを目指すような、複雑な構造が現れることになる。こうした構造がきちんと機能するのは、多様な組織の課題に効果的・継続的に対応するために必要な情報とスキルが、個人に与えられている場合のみだ。しかし、主な成功要因は「常に」信頼である。情報が可能な限りオープンに共有されていなければ、信頼を得ることは難しい。

同時に、政府の規制も全般的に強くなっており、より正直で透明であることがあらゆる種類の組織に求められている。二〇〇八年の経済危機でさらに厳しくなった金融業界以外にも、政府規制の長い伝統がある。例えば、製薬会社は長らく、アメリカやイギリスのなどの規制当局と良い関係を保ってこなければならなかった。最も優れた企業は、規制当局との関係を、なんとかしてオープンかつ正直に保つことに多大な努力を注ぎ込んでいる。

組織にできること

現代の組織で働く人々が自分の仕事をしっかり行うためには、コミュニケーションの自由な流れが必要だ――もしこれが正しいとすれば、どんな種類の情報が最も必要とされるだろうか？　この問いへの答えは、別の章で展開する議論と、はっきりとつながっている。第一には、社員は組織の価値観を知っておく必要があるということだ。組織が本当に信じているものは何なのか？　これは、「本物」とは何かを論じる第4章で追求する。第二に、社員は自分の仕事の目的を知る必要がある。これは「意義」について考える第5章で展開するテーマだ。第三に、社員は組織的にも社会的にも自分たちに影響を及ぼす、制約のパターンを知っておく必要がある。彼らが強く願っているのは、自分たちの活動を統治するのは「シンプルなルール」であってほしいということだ。これは第6章で考察する。しかし、これら以外にも、組織がとれる具体的な行動はまだいくつかある。ここからは、企業内で徹底的に正直であるために必要な、三つの組織規範を提案していくことにする。

しかし、こうした助言を見ていく前に、「あなたが属する組織では、正直であることとオープンであることはどれだけ評価されているか？」の診断ツールを見てみよう。これは、組織内

診断ツール

あなたが属する組織では、正直であることとオープンであることはどれだけ評価されているか？

1＝まったくそう思わない　2＝そう思わない　3＝どちらでもない
4＝そう思う　5＝とてもそう思う

- 私たちは皆、ちゃんと本当の話を聞かされている。
  1　2　3　4　5
- 情報は操作されていない。
  1　2　3　4　5
- 否定的な発言をしても、忠誠心が欠けていることにはならない。
  1　2　3　4　5
- 私の上司は良くない情報も聞きたがる。
  1　2　3　4　5
- 私たちには多くのコミュニケーションチャネルが開かれている。
  1　2　3　4　5
- 自分がしたコメントに自分の名前を署名することにまったく抵抗がない。
  1　2　3　4　5

1か2をつけた設問には、継続的な注意を払う必要がある。スコアの合計が18を下回ったら、組織生活の中でも特にこの診断分野に、改善の必要があることを示している。本当に改善するための時間を組織にどれくらい与えられるかを自問すること。

の「徹底的な正直さ」を評価するシートだ。

この診断を受けたある上級幹部は、コミュニケーションチャネルが開かれていることと、コメントに自分の名前を署名することに抵抗がない点についてのスコアが最も高かった。裁量が少ない社員は、自分の名前を署名することや良くない情報を上に伝えることについて、やや抵抗があると答えた。情報が作為的に操作される危険性があることには皆が同意した。「情報は操作されていない」のスコアが、この中で最も低かったのだ。

実は、この診断ツールの各設問は、組織を改善するための三つの行動ステップと対応している。三つの領域とは、「社内で情報を共有する方法を、きちんと意識して選択する」、「信頼に基づくオープンなカルチャーを醸成する」、「組織の内外に対して、正直に情報を共有するという方針を持つ」である。

では、ひとつずつ順番に見ていこう。

社内で情報を共有する方法を、きちんと意識して選択する

この最初の行動ステップは、診断ツールの中の二つの設問と密接に対応している。すなわち、「私たちは皆、ちゃんと本当の話を聞かされている」と「私たちには多くのコミュニケーショ

ンチャネルが開かれている」だ。リーダーたちに求められているのは、コミュニケーションチャネルを常に開いておくことの重要性と、何に関する情報を、いつ、どれだけ共有するかを慎重に考える必要性を忘れないことだ。

アメリカのジュエリーショップ・チェーンが事業を好転させた鍵は、社員とオープンにコミュニケーションを取ることだった。二〇一〇年にセオ・キリオンがザレス社のCEOの職を引き継いだとき、九〇年の歴史を持つこの会社は破産寸前だった。前年に四〇〇を超える店舗を閉鎖し、人員と給与を大幅に削減していた。新しいCEOは、自分の仕事のひとつは意気消沈した社員たちを励ますことであり、情報が自由に流れることがその鍵になるということに気づいた。彼はまず、組織内で対話集会を開いた。良い情報も悪い情報も共有し、あらゆる階層の社員からの質問に答えるためだ。店長のところには個人的に足を運んだり、電話をかけたりした。休暇シーズンには、二〇〇人に及ぶ地域・地区マネジャーのひとりひとりにわざわざ電話をし、全員とつながりを持つようにした。キリオンは今でもこの実践を続けており、大幅なコスト削減措置と合わせることで、年間一〇〇〇万ドルの利益を生み出した。二〇一三年には二〇〇八年から五年ぶりに利益を上げ、ザレス社の株価は三倍に跳ね上がった[17]。

不幸なことに、組織内でコミュニケーションを取らなかった結果、大きな痛みと苦しみが生じることがある。問題に遭遇するのは民間企業だけではない。イギリスでは、保育と看護の両方をめぐってスキャンダルが多発した。これにより、さまざまな公的機関の間でオープンで十分な情報共有の必要があることが浮き彫りになった。世間の注目を集める一連の公聴会では、警察、ソーシャルワーカー、そして地方自治体の職員が、文字通り命を救えたかもしれない情報を共有していなかったことについて厳しく糾弾された。中でも「ベビーP」と呼ばれる幼児虐待死事件は、最も悲劇的な事件のひとつに数えられる。一歳五カ月だった被害者には二八人のソーシャルワーカーや医師、警察官が接触しており、故意の虐待によって死亡する前に九回も病院に運ばれていた。その後の公聴会で、構造的な欠陥の中でも最たるものは、有効な情報共有がまったくできていなかったことだと判明した。

ここで、「どうすれば」情報は最も効率的に、完全に共有されるか（あるいは、されないか）というテーマに行き着く。誰にも、一番楽に感じられるコミュニケーションのチャネルばかりを使ってしまうという傾向がある。もちろんそれ自体はとてもよく理解できる。しかし、現代の世界の特徴をよく言い表しているのが、マルチチャネルのコミュニケーションだ。したがって、もし複数世代にわたる労働者やステークホルダーと意思疎通をしたいのであれば、高い効果を狙うには、ひとりひとりが自分の安全地帯を離れる覚悟をし、新しいメディアを含むある程度のテクノロジーをマスターしなければならない。

現在よく見られるようなマトリックス型の組織では特にそうだ。上司・部下のラインが複雑で、ひとりが二人以上に報告をすることが多いような構造になっている。そのような組織では、権力の行使よりも、影響力の行使のほうが重要になる。グローバリゼーションや速いサイクルのイノベーション、相乗効果のあるチャンス、消滅する境界線などにより、物事が複雑になればなるほど、マトリックス型の構造も避けられなくなる。それでも問題が生じるのは、情報を囲い込むことが権力とイコールであるような世界になじんでいた幹部を、この種の組織に置いているからである。マトリックス型の組織が成功する主な要因は高いレベルの信頼であるということ、信頼を構築するのに重要なものはオープンで正直な情報共有であるということは、すぐに明らかになる。

信頼に基づくオープンなカルチャーを醸成する

二つ目の行動ステップは、診断ツールの三つの設問の中で（軽重に差はあるが）暗示されている。すなわち、「否定的な発言をしても、忠誠心が欠けていることにはならない」、「私の上司は良くない情報も聞きたがる」、「自分がしたコメントに自分の名前を署名することにまったく抵抗がない」だ。ここでリーダーたちに思い出してもらいたいのは、安心して自分の意見を伝えられるような組織カルチャーをつくらなければならないということだ。

例えば、イギリス王立空軍所属の伝説的なジェット機編隊飛行チーム「レッドアローズ」について考えてみよう。最高時速六〇〇マイル（約九六六キロ）に及ぶ猛スピードでのアクロバティックな操作は、世界的に有名だ。発表や練習が終わると毎回、各チームメンバーのパフォーマンスの出来と改善点について、容赦のない評価が公の場で行われる。言うまでもなく、ごく小さな人為的ミスが大惨事を招く仕事だ。文字通りミスを許す余地はなく、「良くない情報」に折り合いをつける必要性などは、ある意味、最初から選択肢にない。

しかし、こんな職場は他にはまずないだろう。であるなら、問題を表面化させても大丈夫という仕組みを新たに考え出す必要がある。有名な世界一周ヨットレース競技者、ピート・ゴスは、あらゆる問題を浮き上がらせる方法として、「良くない知らせミーティング」という仕組みをつくった。他にも、イギリスで最も重要な科学研究企業のひとつ、ＢＴＧ社のＣＥＯであるルイーズ・メイキンは、彼女が「期待と不安の話し合い」と名づけた会議を定期的に開いている。リーダーが持つべき主要なスキルは「オープンであること」というのが彼女の見解だ。「良い情報も良くない情報も、期待も不安も、起こる可能性のあることは自分から知ろうとする必要がある。良くないことをＣＥＯに知らせることなどできない、と社員は考える傾向にあるからだ」と彼女は言う。

私たちがよく知る、アメリカ東海岸にある株式非公開企業の取締役副社長は、この問題をこのように語っている。「当社の社員のおよそ三分の一は非熟練労働者で、大卒はほんのわずか。

私にはすごそうな肩書きがついていて、それを少し怖がる人もいる。しかし私の仕事の最終的な目的は、組織のために尽くし、より良い組織にすることだ。問題に気づいた社員が私のところに来てくれなかったら、それもできなくなってしまう。だから、それを社員に伝えようと努力している」。例えば、社員がある問題について彼女と対立したときには、「その率直さを評価する」と伝え、その理由も言う。誰かが特に役に立つことを言ったり実行したりしたときには、メッセージを手書きしたレターヘッドつきの手紙を必ず送ることにしている。「あなたが社員を大切に思っていることを社員自身が知れば、その見返りとして、安心して隠し立てせずに話してくれるようになる」

ノボ ノルディスクの例を思い出してほしい。一九九〇年代の企業カルチャーでは、良くない情報を取締役会議に伝えないことが暗黙の了解だった。そして会社が大惨事にみまわれかねないほどの危険な状態にあったのも、このカルチャーのせいだった。それ以降、ノボ社はコミュニケーションの方針を大きく変えてきた。現在世界第八位の製薬会社であり、インスリンの世界最大のサプライヤーである同社は、運営方法に「徹底的に正直であること」を組み入れてきたのだ。ステークホルダーや社員の声を聞くためにさまざまな方法を使う同社では、「真実にコミットすること」がすべての中心にある。例えば、社内ＳＮＳである「ピープル・コム」には、同社のさまざまな仕事について社員から数百もの活発なコメントが次々と届く。

それよりもさらに素晴らしいのは、社員がコメントでフルネームを明らかにすることをいつも選んでいることだ。これは、オープンであることと正直であることに組織が価値を置いていることを、社員が信用していることを証明している。

「徹底的に正直であること」がノボ社のカルチャーのどれほど深くにまで根差しているかは、現在のCEO、ラース・レビアン・ソレンセンの例で物語ることができる。会社がカリフォルニアの研究施設を閉鎖することを決定した際に、ソレンセンは自らこの施設まで出向き、スタッフを集め、閉鎖の理由とそのスケジュールを直接オープンに語った。社員の驚くべき反応とは？　それは、称賛の拍手だった。

この話は二つのことを示している。徹底的に正直であることが秘める将来性と、組織が秘密や疑念に満ちた雰囲気を自由なコミュニケーションで吹き飛ばしたときに何が起こり得るかだ。

組織の内外に対して、正直に情報を共有するという方針を持つ

この最後の行動ステップは、診断ツールの「情報は操作されていない」の設問の中で暗示されている。確かに、現代の技術には現実としてそもそも透明性が備わっており、避けて通ることはできない。それを前提としても、あらゆるステークホルダーや一般の人々とオープンに向かい合うことが極めて重要である。この重要性はどれだけ誇張してしても、しすぎることはない。

ノボ ノルディスクのトリプルボトムライン報告書〔企業を数字だけでなく、環境・社会・経済という三つの側面から評価する考え方に基づく報告書〕については次の章で詳しく述べるが、企業が公表する情報の中身をいかに抜本的に考え直すかについて、説明がなされている。しかし、それ以上にこの報告書が気づかせてくれるのは、さまざまな立場からの多様な要求に対応することが必要だということだ。その範囲は、雇用主や株主という枠を超えて、顧客や規制当局、社会活動団体を間違いなく含むだろう。これを間違えると、結果的に損害が生じることもある。テスコが馬肉スキャンダルの後にとった、コミュニケーションの失敗が良い例だ。

しかし、厳密に言えば、企業はどのような種類の情報を、誰と、どのように共有する必要があるのだろうか？　このような問いは、もはやメディア企業だけに向けられたものではない。今では私たちの誰もがこの懸念を抱えている。どんな業界やビジネスモデルであろうとも、組織はすべて、新しいメディア（例えば、ウェブページ、ブログ、ツイッターのフィード）と古いメディア（印刷物、テレビ、ラジオ）を、あらゆるフォーマットで管理しなければならない。しかし、これだけ急増するメディアチャネルをどうやって管理するというのだろうか？

これは大きな問題だ。私たちもすべてに答えられるとはとても言えない。企業秘密はもちろん機密にしておく必要がある。特に、日常的に監視されているような高度に規制された業界では、正直であれば必ず問題発生を止められるとは、たとえ私たちでもとても言えない。しかし、組織のリーダーであるなら、本人が直観で思うよりもはるかに、正直でありすぎるぐらい正直であるべきというのが私たちの主張だ。社員と顧客、両方との信頼レベルが極めて低く、周囲のノイズがあまりにも大きい現代では、自分たちの言うことに耳を傾けてもらい、信用してもらいたいと思うならば、組織は懸命に努力をして今何が起こっているのか伝えなければならない。

この議論に欠かせないポイントは、組織の中で企業コミュニケーション機能の重要性が高まっていることだ。評価資本の重要度は増し、同時に脆さも増しているということを、近年の経済史は教えてくれた。エンロンとアーサー・アンダーセンを思い出してほしい。問題は、今コーポレートコミュニケーション部門にいる人の多くが、広報や報道担当部局、政府との連絡ポストなどの旧世界でこれまでスキルを磨いてきたということだ。彼らは「解釈を加えること」にあまりにも慣れてしまっている。しかし、新しい世界では、ストーリーのすべてを包み隠さず話すことが必須だ。

では、この一見対照的な組織ニーズをどのようにして調和させればよいのだろうか？　一方では、企業ＰＲやマーケティングの役割があり、将来社員や顧客、投資家になるかもしれない人たちに組織を魅力的に見せる必要がある。もう一方では、企業にはオープンでいる責任がある。すなわち私たちが「徹底的に正直であること」と呼んでいるものだ。「正直であること」

だけを別の独立した部署に切り離すわけにいかないことは明らかだ。これまでの数々の信頼度調査が気づかせてくれるのは、透明で正直な実践こそが、今や企業の良い評判を生む一番の要因と見られていることだ。徹底的に正直であることは、もはや贅沢ではなく、事業上の必須事項である。しかし同時に、しばしば的外れで時には誤解を招くような情報をだらだらと開示し続けるだけでは、信頼に足りる透明性を実現することは難しい。

ハイネケンは、下手をすれば「広報の悪夢」になっていたかもしれない事件に、素早くオープンな対応を取った。この事例を、あまりにも頻繁に起こる、人々の注意を別に向けようとする企業の下手な対応と対比させて考えてみよう。この話は、モンゴルのナイトクラブで行われていた闘犬のぞっとするような画像が、フェイスブックに投稿されたことから始まった。ナイトクラブのあちこちにはっきりと見える横断幕に、「ハイネケン®」のブランド名があらわになっていて、このブランドがイベントのスポンサーだったという印象を与えた。しかし真実はそうではなかったのだ。

ハイネケンにとっては完璧な不意打ちだった。同社がやっと気づいたのは、消費者が同社のフェイスブックページや企業ウェブサイト、ツイッターのアカウント、顧客ホットラインに苦情と「闘犬をスポンサーしているという理由で」ブランドをボイコットするという脅しの言葉を浴びせてきてからだった。それからの四日間で、ハイネケンの企業サイトとブランドのフェイスブックページには一〇万を超えるアクセスがあった。ただし、これは会社がその時点で認識していたことにすぎない。この投稿がどれだけシェアされたかを、同社は知らなかった。そして、この誤った情報が、消費者のブランドの見方にどのような影響を与えていたか、店頭への影響がどうだったのかも知らなかった。間違って闘犬と結びつけられてしまったがために、消費者はハイネケンを買わない選択をしていたのか？　それが大きな問題だった。

この問題に立ち向かうため、ハイネケンはただちにチームを結成した。そして、あらゆるEメールや電話、フェイスブックの書き込みに返答し、状況を認識していないことを消費者に知らせた。ハイネケンは闘犬のスポンサーをしないこと、同社は闘犬が動物に死をもたらす残酷な戦いをさせるサディスティックな賭博競技であることを知っていることも述べた。ハイネケンは、何が起こったかを解明し、どのような措置を取るかのあらましを明らかにすることを、消費者に約束した。

同社の調査によって、二四時間以内にモンゴルの首都にある高級ナイトクラブが突き止められた。オーナーは、クラブが営業していない昼間の時間にプライベートなイベントをする第三者にこの場所を貸し出していた。その前の週に、このクラブは特別なパーティーを主催し、バーカウンターの周りにハイネケンの横断幕を掛けていた。あいにく、バーのオーナーは幕を取り外していなかった。こうした理由で、闘犬が行われているときにハイネケンの名前が見えていたというわけだ。

何があったかを把握すると、同社はモンゴルのバーのオーナーとの関係をただちに切り、ハイネケン製品をすべて引き揚げた。その後は攻めの活動に転じ、コンタクトをしてきた消費者ひとりひとりに直接話しかけた。素早い対応を評価してくれた人には、同社の姿勢を友人にシェアするように頼んだ。会社方針の説明が、企業サイト、フェイスブック、ツイッターにアップされた。話しかけるような言葉使いは、心からの誠実なものだった。さらに、ハイネケンは、二〇一二年のロンドンオリンピックやサッカーのチャンピオンズリーグなど、世界的なイベントをサポートするブランドであると説明した。モンゴルであろうと、世界のどこか別の地域であろうと、闘犬はサポートしないとも。さらに、あらゆる動物保護団体にも接触し、質問が来たときに代わって答えてもらえるように、何が起きたのかを説明し、方針説明とどんな措置を取ったかをシェアした。

三日以内に、会社に対して肯定的または中立的な投稿の数が、否定的な投稿の数と並んだ。一週間以内に、投稿の九割以上が肯定的または中立的になった。会社に対して猛烈に否定的だった人たちの多くが、問題への対処のやり方を見て、味方をするようになった。

ハイネケンがデジタルチャネルからの攻撃を受けたのは、これが初めてのことだった。しかし、同社はその意味をはっきりと理解していた。すなわち、消費者は今や自分の意見を会社に伝えられる窓口を複数持っており、その意見は、その後、世界中の何万という人たちに共有されるということだ。問題を真剣にとらえ、素早く行動し、対策を取り、関係する消費者全員と直接やり取りし、「尊重《リスペクト》」という会社の基本的価値観《コアバリュー》にしっかりと沿いながら丁寧にコミュニケーションをとった。そうすることによって、旗艦ブランドの評判に及ぶ悪影響を最小限に抑えることができたのだ。結局、売上への影響はまったくなかった。

おそらく、一番ほっとしたのは同社の社員だっただろう。彼らはハイネケンの問題の対処方法を誇りに思い、安心することができた。この例では、正直であり、スピーディーに対応し、多様なステークホルダーを扱う準備をしておくことには、はっきりとしたメリットがあることが示されている。しかし、スピーディーな対応だったとはいえ、今回は先手を打てずに対応が後手に回ったと言わざるを得ない。今回の事件を受けて、ハイネケンは、将来こうしたシナリオをもっとうまく扱うため、多くのプロセスを見直した。例えば、同社はこの件を自力では発見できなかった。それどころか、最初に耳にしたのは苦情を言ってきた顧客からだった。だからこそ、ハイネケンはオンライン監視の手法を見直し、デジタル空間でブランドを守るために「ミッションコントロール」プログラムを開始した。さまざまなコミュニケーションチャネルで発生する可能性のある問題に対処するため、対応要員を配置したのだ。

この章で論じてきたことの中心にあるのは、「徹底的に正直であること」が組織にとって重要かつ決定的な成功要因になっているという考え方である。さらに、もうひとつの論点は、組織の内部で正直であることと、外部の組織と広い社会に対して正直であることはどちらも社会的関係から生まれ、そこでは信頼が重要な役割を果たすということだ。これをもっと哲学的に言えば、信頼は、契約で定められるようなものではなく、もっと広い特性を持つものだということである。次の章では、「本物の」組織が、単に人から価値を搾り取るだけでなく、人に価値を付加することを自らのミッションにする方法に目を向けることにする。

▼リーダーがとるべきアクション▲

◆**コミュニケーションは正直に、かつ迅速に。**実際に使える時間は思っているよりも少ない。現代のテクノロジーによって、情報の拡散が劇的に速くなった。しかし、一番伝えなければならないことに集中しなければならない。徹底的に正直であるということは、事前に対応するということとイコールだ。

◆**多くのコミュニケーションチャネルを使う。**組織の内外を問わず、あなたがコンタクトしようとしている個人やグループは、それぞれ異なるコミュニケーションのやり方を持っていることを忘れないこと。世代による違いが驚くほど大きい可能性もある。若い世代はソーシャルメディアを使うが、高齢の世代は直接に顔を合わせた接触や人間関係に頼る可能性がある。自分が通常使っているチャネルが何であるかを認識し、それ以外のチャネルを試みること。

◆**スタッフの期待と不安について、組織全体で徹底的に正直に話せる工夫をする。**力関係があると、トップに報告される情報がきれいに無害化されてしまう傾向がある。

今実際に起こっていることを知る方法を見つける必要がある。組織の中に深く飛び込んで、無害化されてしまう前の情報を集めること。部下に良くない情報も持ってこさせるようにする。それには、安心感が必要だ。徹底的に正直であることが、どちらの方向にも働く。

◆ **コミュニケーションをできるだけシンプルに保つ。**必要とされるのは、数ばかり増えて理解しにくいデータや詳細情報ではなく、信頼できる適切な情報で、理解しやすいものだ。データの共有と有効なコミュニケーションを混同している組織もあるが、それではダメだ。クレジットカードに延々と書かれた適用条件を読む人などいるだろうか？

◆ **フィードバック・ループを構築する。**信頼を築くには時間がかかるが、壊れるのは一瞬だということを忘れないこと。ステークホルダーからコミュニケーションを返してもらえる経路を複数用意すること。「歩き回るマネジメント（ＭＢＷＡ）」のような「昔ながらの」手法から、もっと現代的なソーシャルメディアの利用まで、色々な可能性がある。

第3章

社員の強みと利益を理解し、強化する

ひとりひとりのために特別な価値を創造する

Build on People's Strengths and Interests

Creating Extra Value for Everyone

組織は人的資本を開発する必要がある。それは誰もが知っていることだ。ましてやゴールドマン・サックスやマッキンゼー、ジョンズ・ホプキンス病院など、知識集約型のエリート企業であれば、そんなことはかなり前から認識している。最近の例であれば、マイクロソフト、グーグル、アップルがこうした企業に含まれる。しかし、このプロセスは、専門的だったり、ハイテクだったり、多額の資金を持つ組織や職業だけに限定されるわけではないというのが、私たちの主張だ。今後は、従来の「ブルーカラー」の産業や、マクドナルドのようなフランチャイズなど、もっと幅広い雇用関係においても能力開発が焦点となるだろう。マクドナルドUKでは、ホスピタリティとケータリングについての研修プログラムを実施し、国に認められた学業資格を社員に授与している。

実のところ、優れた労働者を見つけ、訓練し、働き続けてもらうという課題は、今に始まったことではない。しかし、今これに対処しようと思えば、スタッフとの関係を劇的に変える必要がある。「本物の」組織は、社員から絶え間なく価値を搾り取るのではなく、社員に「特別な（Extra）」価値を付加する（夢の組織を意味するDREAMSの「E」）。理想の企業では、育てているのは最も優秀な社員だけではない。すべての社員を、本人の想像以上の水準にまで育て上げるのだ。こうした組織が考えるのは、社員ひとりひとりからどれだけ搾り取れるかではなく、社員の強みをどれだけ大きく伸ばせるかということだ。これこそが、「生産性の向上」の本当の意味である。生産性の高い組織が他の組織と異なる点は何か？　一番はっきりしているのは、社員に対して継続的な投資を行うことだ。

これほどシンプルであるのにもかかわらず、二一世紀も一〇年以上が過ぎて、この考え方を十分に受け入れた組織があまりにも少ないことには、驚きを隠せない。価値を付加することが組織や個人にとってなぜ重要なのかについて、最も基礎的なレベルの研究は非常に多く行われている。そうした研究では、さまざまな種類の人的資本への投資が、仕事に対する満足度や生産性、社員の定着率の高さ、離職率の低さ、あるいはその他のメリットとどう関わるかを探っている。これらは結果的に、顧客の維持や満足へとつながっていくのだ。[1]興味深いことに、業績との関係性は、社員が自己裁量で動き出すようになるという観点から説明されることが多い。[2]これは、社員の強みを大きく伸ばすことにより、彼らが仕事の量と質を高め、さらに革新的な方法を取るようになることを意味する。実は、これまで述べた要素と業績（例：採算性や株主価値）との因果関係を突き止めるのは難しい。なぜなら、効果が出るまでに時間差があり、変数が介在するからだ。しかし長期的に見れば、財務業績と人的資本への投資の間には相関があると言える。[3]

本章では、次のいくつかの問いを扱っていくことにする。「価値」とは何を意味し、どのようにして付加されるのか？　どのような形態を取り、どのように発展するのか？　それぞれの問いについて誰が答えるべきかについても見ていく。そして前の二章と同様に設問による診断を行った後、組織とリーダーに課される責務を探っていく。

ではまず、価値を付加するという考え方がどこで生まれたのかを探っていこう。

価値を評価する

労働者のマネジメントとの関連において、「価値」の概念は時代とともに劇的に変化してきた。封建制度から商業資本主義に移行する時代には、社会や組織をいかに運営すべきかについて議論があった。主な議題は、価値の概念についてと、価値がいかに創出されるかについてだった。しばらく後に近代の社会科学が発展してくると、アダム・スミスが価値の概念について理論を構築し、デヴィッド・リカードが発展させた。一九世紀に入り、マルクスが政治経済学の批判の構築を試みる。彼が積極的に検討したものの中に、スミスとリカードそれぞれの価値の理論があった。その結果として、マルクス理論と新古典派経済学が相争うことになり、この二つが近代の資本主義的企業の歴史を支配した。新古典派経済学は、利益の出所を、起業家精神の行使に対する支払いだと説明している。この理論の論法に従えば、まずは企業の創設者が、投資によってリスクを負ったことに対する報酬として、利益を受け取る。その後には、株主が同様に利益を受け取ることになる。

テイラー・システムは、新古典派経済学のマネジメント版であると言えるだろう。二〇世紀初頭のマネジメント理論の中で他を圧倒していたのがこれだ。科学的管理法と能率増進運動の父、フレデリック・ウィンズロー・テイラーの著作に基づけば、テイラー・システムの基礎は、構想労働（考える）と実行労働（行う）をはっきりと分離することにある。[4] 考えることは経営者の手中にゆだねられ、作業を行うことは労働者にゆだねられている。管理者の仕事は労働者にもっと仕事をさせることだ。

一方マルクス理論では、被雇用者には彼らがつくったものの総価値よりも低い賃金を支払い、そこから価値を搾り取ることで生まれるのが利益だと説明している。したがって、マルクス主義のアプローチでは、労働者の疎外論が提唱されている。つまり、仕事が創造的な行為から手段としての行為に変えられてしまったため、被雇用者は自分たちの労働による生産物と、労働という行為そのものの両方から疎外され、結果として苦しむことになるというものだ。労働者は自分の時間を売る。その時間を生産的に使えるようにするのは、資本家の仕事だ。両者の複雑な関係性は、二〇世紀中盤のアメリカの産業人類学者ドナルド・ロイが、後の著作の中で非常にうまくとらえている。[5] 彼が実施したシカゴの機械工場職人の参与観察研究では、労働者が創造力を駆使して出来高払いのシステムを欺く様子が示されている。すなわち、特別手当の出ない仕事では努力を惜しみ、最大の出来高払いが確実に得られる方法を見つけたときのみ、熱心に仕事に打ち込むのだ（労働者はこの区別を、「いやな仕事」と「おいしい仕事」の違いと呼んでいる）。

マルクス主義と新古典派経済学のどちらにも欠点はある。職場への関与のしかたを調べた最近のデータを見ても、テイラー・システムとマルクス主義によって生じた問題はいずれも、これまでまったく解決されていない。経営者層が力を持つことによって、新古典派経済学の力は弱まってきた。これは、A・A・バーリとG・C・ミーンズの『現代株式会社と私有財産』（北海道大学出版会）に予知的に描かれている。[6] この二人の著者は、現代の巨大な資本主義的企業は、株主ではなく経営陣の利益を重視してしまっていると主張している。最近のスキャンダルは、この見解を裏づけているかのようだ。エンロンの株価暴落の影響は、まださざ波がおさまっていない。企業は株主に対して明確な責任を負うという見解は、この件によって大きなダメージを受けた。二〇〇八年の金融危機のときも、現在のコーポレート・ガバナンスのあり方への信頼を取り戻すことにはほとんどならなかった。新古典派の理論は、株主の性質が変わることによって、さらに力を失ってきている。株式は、組織の成功に利害関係がある人間による長期的な投資としてではなく、これまでにないほど素早く取引できる、まさにコモディティとして保有されることが増えている。実際のところ、現在の株式の平均保有期間はわずか二二秒である。[7] 超高速取引を行うトレーダーが大口の機関投資家と場を共有する「ダーク・プール」〔証券取引所など公開の市場を通さず、金融機関が、機関投資家などの注文を匿名でつけ合わせて成立させる取引〕を舞台とする最近のスキャンダルによって、状況はさらに複雑になった。この件は、株式市場の超高速トレードの役割を調べたマイケル・ルイスの著書『フラッシュ・ボーイズ』（文藝春秋）で詳しく掘り下げられている。[8]

同様に、マルクス主義の主張も近年生まれた考え方によって揺さぶりにあっていた。その考え方とは、資本主義で最も成功した企業に見られる特徴は社員に投資をすることであり、社員から価値を搾り取るのではなく、社員に価値を付加することであるというものだ。言い換えれば、マルクスは価値をめぐる戦いを、資本家が得るものが何であろうと労働者にとっては損失になるというゼロサムゲームだと考えていた。しかし、現代の組織は、これが明らかに誤りであることを示している。いかにして全体として価値を付加することができるかに集中すれば、資本家と労働者の両方にとって良い結果を出すことができるのだ。しかし、組織内でこれが実際にどのように発生するかは、価値創造についての相反する考え方を反映している可能性がある。この章の冒頭で、私たちはマクドナルドの研修と人材開発の取り組みについて触れた。しかし、その作業ルーティンの厳密な仕様と規律は、テイラー主義的な考え方を継承したものだ。本書を書いている二〇一四年に、シカゴでは二〇〇〇人の労働者が街に繰り出して、「ノー・

ビッグマック、ノー・ポテトフライ。私たちの賃金をスーパーサイズに！」と書かれたプラカードを掲げた。社員たちは、この外食チェーンがCEOに包括報酬として九五〇万ドルを提示した一方で、現場スタッフに支払う最低賃金があまりにも低いことに抗議したのだ。[9]

不思議なことに、テイラー・システムとマルクス主義には多くの共通点がある（おそらく、レーニンがF・W・テイラーをあれほど信奉していた理由はここにあるのであろう）。どちらも、職場を基本的に闘いの場と見なしている。マルクスにとっては闘争は労働者と資本家の間で起こり、テイラーにとっては管理職と反抗的な被雇用者の間で起こるものだ。しかしこの二つのパラダイムが根拠にしている前提では、もはや現代の企業をコントロールできない。もうそろそろ、テイラー・システムのもうひとりの信奉者であるヘンリー・フォードとレーニンの両者の思想が、「歴史のちり」として消えるべき頃だろう。

価値とは何か？　どのように付加されるのか？

価値を話題にするとき、私たちは厳密には何について語っているのだろうか？　次の例を考えてみよう。

●イギリスに住み途上国出身の両親を持つ貧困家庭の一〇代の若者。家族を養うために、公的な資格もほとんどないまま退学を決めた。そして、彼女はマクドナルドの仕事に就く。数カ月のうちに、チーズバーガーを調理できるようになっただけでなく、さまざまなセットメニューの価格の仕組みも理解し、チームのシフトリーダーになるために頑張ろうと思い始めている。

●製薬会社ロシュの博士号を持つ科学者。皮膚や筋肉など、骨以外の軟部組織を理解し、観察することが求められる疾病分野で仕事をしている。ロシュは、その仕事で使えるようにと、新しく複雑なＭＲＩスキャナーの使い方を彼女に教えた。さらに、彼女をチームリーダーに昇進させた。この役割によって彼女は今後、対人能力が求められることになるだろう。彼女の責任は突然とても大きくなった。

●アメリカの一流ビジネススクールに勤める若き助教授。資金の提供を受けて、ヨーロッパで開かれる経営学会に参加できることになった。ちょうど発表する論文を書き上げたところで、ヨーロッパで同じ分野を専門とする仲間と交流することに強い意欲を示している。彼の長期的な計画は、次のプロジェクトに協力してもらえる研究者のネットワークをつくることだ。

●クラストップの成績で南アフリカの大学を卒業したばかりの女性。世界的なマーケティングコミュニケーション企業であるジェイ・ウォルター・トンプソン（ＪＷＴ）に採用された。幅広いマーケティングスキルに触れ、嬉しいことに、ニューヨークの同僚と共に、あるプロジェクトに取り組むことになった。仕事にやりがいがあるだけでなく、ＪＷＴでの職歴が他のチャンスをもたらす可能性があることに彼女は気づく。人材紹介会社や他の研究コンサルタントのレーダーに自分が引っかかっていることを、まもなく知るのだ。

●マドリード在住の二〇歳の男性。高校を卒業してからずっと無職で、孤独感と絶望がどんどんふくらむのを感じていた。思いがけず、彼は一流通信会社の郵便仕分け課に入るチャンスを得る。数カ月のうちに、彼は自分が属しているチームが、組織の効率化に影響していると感じられるようになった。会社の一番下っ端からのスタートだったが、それでも彼の意識は正しい方向に向かって歩み始めている。

この五つのストーリーから、付加できる価値にはいくつかの種類があることがわかる。それぞれが、三つの区分のスキルのどれかに当てはまるだろう。三つの区分とは、技術的スキル、概念的スキル、ヒューマンスキルである。[10]

技術的スキルは、一般的に「個人が各自に課された仕事を遂行するために必要な、その仕事に固有な知識や技術」と理解されている。短期間の集中トレーニングでスキルを獲得させることもあるが、たいていは上司の責任のもと、仕事の現場で学習させるものだ。階層が低い被雇用者は、製品やサービスを提供するための、さまざまなツールや技術を理解する必要がある。こうした人たちの能力開発については、技術的スキルに重点を置くことが多い。さきほどの例で述べたマクドナルドで働く一〇代の若者にとっては、技術的スキルは特に重要だ。しかし、ロシュの科学者やアメリカの経営学助教授、南アフリカの若いマーケターにとっても、このスキルが重要であることに変わりはない。彼らは全員、将来も技術的スキルを磨き続けることだろう。そしてその一部は、職業に固有な能力を超えるスキルだ。

ロシュの科学者は、最新鋭の医療機器の使い方を学んでいるだろうし、GEメディカルやシーメンス、フィリップスがするように、その機器のサプライヤーが研修機会を提供することもあるだろう。あるいは、投資銀行の数字で戦うトレーダーが、アルゴリズム的解析の最新技術について集中研修を受けるシーンを考えてみよう。

ここで生まれるパラドックスは、社内の階層を上がると技術的スキルが枯渇し始めるということだ。ノバルティスやファイザーの研究開発部門のリーダーが、その会社の中で最高の科学者であるとはとても考えられない。出世の階段を上ると、技術的には自分よりも上の人材を雇用したり能力開発をしたりすることが仕事になるのだ。

概念的スキルは、一般的に上位の仕事になると重要性が増すスキルだ。そういう仕事では、組織を全体として理解したり、組織の部分と部分の関係や、組織が外の広い環境とどのようにつながるかなどを理解したりする必要があるからである。企業は、幹部をビジネススクールに送り込み、最新の戦略や組織行動に触れさせることによって概念的スキルを伸ばそうとする。

例えば、ロシュの科学者がチームリーダーとしての役割を担うようになれば、概念的スキルは彼女にとってさらに重要なものになるだろう。ここ数年、製薬会社は研究の焦点を、一般科学から生化学や遺伝学へ移行している。彼女は、このような業界の急速な変化も認識できるようになる必要がある。

さらに難しいことがある。研究開発部門のような複雑な業務を行う環境において、前章で説明したタイプのマトリックス構造を採用しているケースが増えている。その構造の中で部下を管理し、リーダーとなることの複雑さについても、彼女は学ばなければならなくなるだろう。あるいは、ユニリーバやネスレ、プロクター・アンド・ギャンブルのような変化の激しい消費財業界のマーケターは、ソーシャルメディアやデジタルメディアといった新しい現実を受け入れ、自分が持っていた世界観を本質的に考え直さなければならない。これも、典型的な概念的スキルである。

ヒューマンスキルは、概念的スキルと同様に、従来、管理的責任を負うようになると重要度が増すと考えられてきた。他者の力を活用して、業績をあげることを求められるようになるからである。だが、事実はむしろさらに複雑だ。私たちがこれまで出会った「賢い」ＭＢＡ学生たちは、技術的・概念的スキルに目を向けがちで、ヒューマンスキルが不可欠だということを完全に見落としてしまっている。卒業から一〇年経ってから、他者の協力なしに高い業績をあげることなどほとんどできないと気づき、ひどいショックを受けることもあるくらいだ。

多くの組織は、社員が管理職やリーダーの地位に就いてやっと、ヒューマンスキルの開発に関心を示し始める。新しくリーダーになった社員に、人事部は対人能力向上プログラムを提供する。そして、有望な社員にはトップリーダーと接触する機会を増やし、良い影響を受けることを願う（そして多くの場合、期待は裏切られる）。しかし、極めて賢明な組織であれば、「階層のどこにいようとも」ヒューマンスキルが重要であることをしっかりと認識している。例えば、バーテンダーが顧客と視線を合わせるスキルや、ホテルや銀行の受付が顧客に「自分は重要な顧客だ」と思わせるスキルなどである。

事実、ロシュの医薬品専門の科学者から、アメリカの若きビジネススクールの助教授、貧困家庭の一〇代の若者に至るまで、先に挙げたどの例でも、ヒューマンスキルは必要だ。簡単に言えば、組織は技術的・概念的スキルやヒューマンスキルをさまざまに組み合わせることによって、社員に価値を付加することができる。この概念の枠組みは非常に役に立つのだが、最近は「人的資本理論」へのこだわりのためにさらに複雑な像を描かざるを得なくなり、そもそも「スキル」とは何かという定義の議論から始めるようになった。[11] チーズバーガーの調理ができるようになることと、高性能のMRIスキャナーの出力データを理解することには、明らかな違いがある。さらには、文章化することが困難なスキルもある。音楽会社のクリエイティブ担当幹部は、数あるバンドの中からそのバンドと契約した理由を厳密に説明することはできない。しかし、彼自身がそれを正しく理解しているのであれば、まさに組織にとって極めて価値の高い社員になる。

「ヒューマンスキル」の中で、価値の重要な源泉になるのは、社内と社外の両方におけるネットワークの構築だ。マトリックス構造の中でチームのリーダーになろうと努力していたロシュの科学者には、広く発達した社内ネットワークが必要になるだろう。ただし、アメリカの助教授のように、志を同じくする科学者による強力な社外ネットワークも、彼女には必要だ。例えば最近私たちは、別の革新的な製薬会社で、ほとんどが研究開発畑の人たちに囲まれるという機会があった。私たちの両側にいた社員に「お仕事は何を？」と聞いたところ、どちらもが即座に「科学者です」と答えた。つまり、ここにいる専門家たちの自意識は、組織ではなく職業に根差しているのだ。科学者仲間のネットワークが、組織の境界を越えて広がっていることも明らかだった。

このことは社会学において、職業共同体と組織共同体という考え方で説明されている。自分のアイデンティティのありかを、職業ではなく、自分を雇用する組織に感じる人たちがいる（「私はアイ・ビー・エマー（ＩＢＭｅｒ）だ」など）。一般的に、弁護士や医者などの「古い」職業の人たちは職業にアイデンティティを感じる。しかし、グーグルやアップル、マイクロソフトなど、現代の巨大企業のいくつかでは、強力な企業カルチャーがあるために、組織にアイデンティティを感じる人が増えている。長くアップルの幹部を務める人が私にこう語った。「私たちは一日一四時間働き、一〇時間は皆で盛り上がっている。残りの時間が睡眠時間さ！」もちろん盛り上がる仲間は、アップルの幹部たちだ。

社外ネットワークに関して言えば、南アフリカの若いマーケターは、明らかにＪＷＴという一流企業に所属することで、自分の価値を増やしている。第２章の「徹底的に正直であること」で見たように、確かにかつて想像していた以上に、評価資本の重要度は増し、同時に脆さも増している。例えばアーサー・アンダーセンは、ほぼ間違いなく世界最大級のコンサルティング企業であったのが、誰かが書類をシュレッダーで廃棄処理したばかりに、およそ一カ月で解散に追い込まれた。ゴールドマン・サックスは精鋭集団としてのブランドを丁寧に育ててきたが、グレッグ・スミスが公開した同社の社内基準違反を告発する辞表によって、そのブランドは傷つけられた。

これほど脆いにもかかわらず、技術的スキルの単純な習得よりも、評価（およびネットワーク）資本のほうが大切な世界に私たちは住んでいる。例えば、世界中ほとんどのビジネススクールのMBAカリキュラムは、多かれ少なかれ似たようなものだ。また、MBAは一般教養の学位であるため、そこで得る知識は専門家が資格を得るために学ぶものよりもはるかに浅い。ということは、教える内容とその伝え方は、どこであってもほとんど変わらない。ではなぜ皆、エリートスクールに入るために相当な授業料を払うのだろうか？　答えは明白。価値ある一生もののネットワークと、名門ブランドがもたらす恩恵を得るためだ。トップのビジネススクールは最高の学生を入学させる。そうして、好循環をつくるのだ。彼らが修了するときには、ブランド力をこれからも持ち続けられるという既得権を手にする。同じ理屈で、IBMやマッキンゼーにコンサルティングを依頼して、クビになった人はいない。

ネットワークについてもっと広く考えると、「文化資本」の概念が当てはまることに気づく。この考え方を最も明確に示しているのは、社会学者ピエール・ブルデューの著作だ。彼は、社会の中でどの集団に属するかによって物的資源へのアクセスに格差があるように、最も望ましい文化形式へのアクセスも限定されていると論じている。[12]文学や芸術、テレビ、ファッション、食事について、エリートの社会集団には、自分たちの文化の定義が最も「望ましい」ものだと主張できてしまう力がある。組織の中では、この現象は文化的バリアという形で現れ、階層間の移動を難しくさせる。例えば、性別によるバリアは「ガラスの天井」と呼ばれることが多い。しかし、組織の中で発生する文化による排除には、階級や学歴、地域、訛りなど、わかりにくい形のものが数多く含まれている。これらのすべてが、社会的な上方移動を妨げるだけでなく、組織によって社員に付加されていたかもしれない別の特別な価値が、付加されなくなる可能性もある。

社会集団または組織集団は、その集団に属さない人をエリートの地位から排除しようと、文化に基づく複雑な選別プログラムをつくる可能性さえもある。例えば、おそらく私たちはまさに今、シリコンバレーのITのカリスマたちの中で新たなエリート集団が形成されるのを目の当たりにしている。すでにこれを「i-アパルトヘイト」と呼ぶ人も出始めている。シリコンバレーの「白人、男性、高学歴」という、多様とは言えない狭い集団が、これに当てはまる人だけを囲い込んだ内向きの画一性をすでにつくり上げている。この兆候は確かに気がかりだ。この新しいエリートたちによって街が浸食される様は、次のように描写されている。

毎朝、毎夕、車の集団が街を滑るように進む。何百台もの白いバスがサンフランシスコのラッシュアワーを通り抜ける。窓はスモークガラスだ。歩道から窓に映る自分の姿を見ることはできるが、車内は見えない。バスにはマークもロゴもない。行き先や停留場も示されていない。

でもそんなことは構わない。誰もがそれが何かを知っている。「ちょっと変人のための輸送手段。隔離され、不平等なコミュニティのため」と言ったのは、自称ビート詩人で民衆扇動家のダイアモンド・デーブ・ウィテイカーだ。[13]

『サンフランシスコ・クロニクル』は最近、疎外と分断の象徴としてこのプライベート・シャトルバスを非難する論説を掲載し、批判の声はさらに増幅された。「サンフランシスコ市民は、テクノロジー業界が市民やコミュニティと関わりを持たないことに腹を立てている。そしてグーグルバスは、毎日その気持ちを思い出させてくれるのだ[14]」

しかし、日常をとりまく環境や、自分が属する組織から最も排除されていると感じる人でさえ、仕事が持つ「社会への適合効果」を通して価値を得ている可能性がある。マドリードの二〇歳の男性の例が物語ったとおり、雇用は自尊心と身体的・精神的健康を得るための道になる。逆に言うと、一九三〇年代の大恐慌の経験は、仕事から排除されると長期的に有害な影響を及ぼすことを教えてくれる。そして現代では、多くの西側諸国が若年層の失業率の高さに悩んでいるが、それは私たちがメンタルヘルスの時限爆弾の上に座っている可能性を暗示している。だからこそ、たとえ最小限の、社内の職場ネットワークによって付加される価値であっても、実に素晴らしいことのように思えるのだ。

ヒューマンスキルか、技術的スキルか、概念的スキルのいずれかによって価値が付加されていようと、すべてを少しずつ使って付加されていようと、すぐさまに明らかになることがある。それは、価値の付加を支える組織的プロセスやリーダーの活動には、それぞれ特有のリズムや時間の尺度があるということだ。基本的な技術的スキルの習得のように短時間で可能なものもあれば、ネットワークの構築のように長期的なものもある。目に見える形で測定する必要があるものもあれば、捉えづらく、社員自身がそれとはなしに感じられるだけのものもある。簡単に移転できるものもあれば、できないものもある。

同様に、組織内の人的資本に確実に価値を付加させるための責任の果たし方も、場合に応じてさまざまだろう。これをどうやり遂げるかを、ここからさらに学んでいく。

組織にできること

付加価値のさまざまな形態について考察してきたわけだが、ここでどうすれば組織が実際に価値の付加に取り組めるかについて見ていくことにしよう。注意すべきは、知識集約型のエリート組織では、能力開発の責任は主に自分自身にあるため、社員は自分で先回りして必要な知識や支えてくれるネットワークを求めなければならないということだ。一方で、ロンドンオリンピック・パラリンピック組織委員会とマクドナルドの事例では、戦略的な人事が本領を発揮している様子が見られる。いずれの例でも、価値を付加する中心には人事部門がいる。また、いずれのケースでも、厳密な基準を入念に準備しているため、成功は測定可能だ。興味深いことに、どちらの組織の人事部門も、最先端のスタッフの実践と、ビジネスに関するかなりの「実際的な知識」が組み合わされている。これこそが、本当に成功する戦略的人事を構成する主な要素かもしれない。

　価値を付加する具体的な方法を見ていく前に、「あなたが属する組織は、あなたの強みを大きく伸ばしてくれるか？」の診断ツールを確認してみよう。夢の組織とは、社員から取れるだけの価値を搾り取るだけではなく、会社で働く人たちに対して、価値を付加することが何を意味するかをきちんと理解している企業を指す。

　この調査では、上級幹部は「能力を伸ばすチャンスが与えられている」と最も強く感じ（おそらくこれは当然のことだろう）、「業績が最も低い人たちには、改善の道が示されている」に最も納得できていなかった。上級幹部以外の社員でポイントが最も高かったのは、「他者に

診断ツール

あなたが属する組織は、
強みを大きく伸ばしてくれるか？

1＝まったくそう思わない　2＝そう思わない　3＝どちらでもない
4＝そう思う　5＝とてもそう思う

- 私には能力を伸ばすチャンスが与えられている。

  1　2　3　4　5

- すべての社員に能力を伸ばすチャンスが与えられている。

  1　2　3　4　5

- 最も優秀な人たちがここで仕事をしたがっている。

  1　2　3　4　5

- 業績が最も低い人たちには、改善の道が示されている。

  1　2　3　4　5

- 報酬は、組織全体に正しく分配されている。

  1　2　3　4　5

- 他者に価値を付加することで、結果として自分自身の価値を生み出している。

  1　2　3　4　5

1か2をつけた設問には、継続的な注意を払う必要がある。スコアの合計が18を下回ったら、組織生活の中でも特にこの診断分野に、改善の必要があることを示している。本当に改善するための時間を組織にどれくらい与えられるかを自問すること。

価値を付加することで、結果として自分自身の価値を生み出している」だった。自分の役割に寄せられる期待を上回り、消費者や顧客に特別な価値を届ける機会は、比較的ルーティンの職人的な仕事やサービス業に携わる人たちにもあるということかもしれない。これについては第5章で詳しく論じる。

注意すべきは、この診断ツールの各設問が、組織とリーダーに課せられた重要な責務が何であるかを示していることだ。私たちは研究の結果、企業が特別な価値を付加し、社員の強みを大きく伸ばす三つの方法を明らかにした。

- 能力開発のチャンスを与える。
- スター社員はそのまま輝かせ、業績の低い社員は成長させる。
- 価値を付加するという行為に元々備わっている力を活用する。

では、それぞれの方法を見ていこう。

能力開発のチャンスを与える

この責務は、診断ツールの設問の中で「私には能力を伸ばすチャンスが与えられている」と

「すべての社員に能力を伸ばすチャンスが与えられている」に対応している。この二つの設問は一見したところ似ているが、重要な違いが提示されている。ひとつ目の設問は、ポテンシャルの高い人や出世が早い人など、特定の個人を優先して能力開発を行う組織のことを指している。二つ目はより広く、全員の能力開発を約束した組織のことを指している。つまり、優秀な人たちは可能な限り優秀に、普通の人たちには自分たちの想像よりもさらに上を行ってもらうということだ。これまでにも触れてきたとおり、知識集約型の企業は、価値を付加することには長年慣れ親しんでおり、評判やネットワーク、さらには文化的資本などが社員にとってどれほど重要であるかを理解している。

例えばコンサルティングファームのマッキンゼーは、世界中の一流のビジネススクールから聡明な若者を雇っているが、当初から、社員に価値を付加することを組織の役割としていた。戦略コンサルティングに欠かすことのできない概念的スキルを鍛えているのは、言うまでもない。しかし、もっとさりげなく時間をかける形で、同社は丁寧に構築したネットワークと相当な評価資本も社員に与えている。社員がマッキンゼーを辞めるときには、フォーチュン五〇〇社のトップになることも多い。よく言われているのは、マッキンゼーを辞めた人は、次はマッキンゼーのクライアントになるということだ。

しかし、前にも述べたとおり、価値を付加するという課題は、このような知識集約型企業に限られたものではない。能力の低い人たちや疎外されていた人たちに価値を付加するという課題にもなる。社員の能力開発がどれほどまで可能かということを感じ取ってもらうために、ロンドンオリンピック・パラリンピック組織委員会（LOCOG）が実施したボランティアトレーニングの取り組みについて見ていこう。同委員会は、イギリスで平時における過去最大の人員を動員し、一一万を超える下請業者、八五〇〇人の有給スタッフ、さらに莫大な人数のボランティアグループを取りまとめる責任を負っていた。登録者数七万にも達するボランティアグループをどう取りまとめるか、ひとつのモデルとして注目を集めていた。あらゆる年齢、性別、民族の人々、しかも多くはこれまでに働いたこともボランティアをしたこともない。そうした人々を集め、管理するために、委員会が創意に富むさまざまな方法を使ったからだ。

ボランティアの人数が多かったにもかかわらず、この委員会はあえて「会社として」設立された。CEOのポール・ダイトンは、投資銀行ゴールドマン・サックスの出身だ。厳しい規律を委員会の事業のすべてに適用し、予算と時間の管理をうまくやり遂げた。

成功した取り組みのひとつに、「先駆者《トレイルブレイザー》ボランティア」プログラムがある。有給スタッフが、ありとあらゆる社会的背景を持つボランティアたちと効果的に仕事を進める方法を学ぶ場だ。「パーソナル・ベスト」と呼ばれた別のプログラム（政府が主導し、他の州当局とのパートナーシップで運営）は、身体障害や学習障害がある者も含む長期失業者に、ボランティア活動を通して仕事に必要な資格を得てもらうためのものだ。ボランティアたちがさらなる学習や雇用の機会を得られるように、指導員の派遣も行った。

「パーソナル・ベスト」に登録した人数は七五〇〇を超え、のべ五万八〇〇〇時間を超えるボランティア活動が円滑に行われた。参加者のまるまる四〇パーセントが黒人および少数民族のコミュニティ出身で、二二パーセントが長期にわたる障害や健康問題、学習困難を抱えていた。にもかかわらず、「パーソナル・ベスト」の卒業生のおよそ二〇パーセントが、オリンピック・パラリンピックの終了後、就職先を見つけるか、さらに訓練や教育を受ける道に進んだ。この成功を礎にして、今ではイングランドの五四カ所にあるセンターで「パーソナル・ベスト」プログラムを受けることができる。

同委員会には、「スクール・リーバー（新卒者）」プログラムというさらに別の取り組みがある。イースト・ロンドン・エリア（オリンピックのホスト自治体とされる地域）およびイギリスの他のエリアの学校を卒業した学生を対象に、まず、二つの分野の業務に三カ月間ずつ配置し、そのプログラムを終えることができれば、オリンピック・パラリンピックが終わるまでの期間の雇用契約を結ぶ。参加者の中に、アフロ・カリビアン〔アフリカをルーツとするカリブ人〕系の一〇代の少年がいた。名前はライス・ブラウンという。結局五年もの間、委員会で働いたが、実は最初は組織に加わるのにためらいがあった。「僕は、自分を変えなきゃ適応できない組織だと思い込んでいたんだ」と彼は当時を語った。「だけど、最初に行ったときに、全然そんなことないと思った。僕がこれまで経験した中で、最高の出来事だった。二五年かけなきゃできないことを、たった五年で経験できたんだ」

委員会の影響は、二〇一二年のオリンピックとパラリンピックの実施だけにとどまらず、それをはるかに超えて広がった。イギリス政府機関や民間の職業安定所と協働して、それまで雇用に適すると考えられていたよりも幅広い人材のスキルを活用し、育てられるように、被雇用者のエンゲージメントを高めるガイドラインを書き直すことまでやってのけたのだ。

業績の低い社員は成長させる

これまであまりにも長い期間、人事部は有望な社員にこだわりすぎて、幅広く社員全体にわたって価値を付加することをないがしろにしてきた。だが、私たちの「夢の職場」は、スター社員だけに特別な能力開発の機会を提供したりしない。むしろ、「平均的な」社員に価値を付加するメリットをしっかりと理解している。これは、診断ツールの設問「最も優秀な人たちがここで仕事をしたがっている」と「業績が最も低い人たちには、改善の道が示されている」に反映されている。

カインド・ヘルシー・スナックス社のCEO、ダニエル・ルベツキーの例を考えてみよう。

彼は、解雇についてはっきりとした見解を持っている。「一生懸命働くことに人生をささげてきた人が、解雇されてガードマンにドアから追い出されるような企業が存在する。あまりにも屈辱的で無礼な行為だと思う」というものだ。不正行為が故意であった場合には必ず毅然とした対応を取るだろうと認める一方で、「働く人たちの大多数は善意にあふれている」とも言う。残念ながら、ただ単に社員が目の前の仕事に適合していないということもある。カインド・ヘルシー・スナックス社でそのような状況が起こった場合には、ルベツキーは社員の能力向上を支援するために極めて具体的な措置を講じる。一貫して密なコミュニケーションを保ち、定期的にフィードバックするのは当たり前。それとは別に、改善に必要なスキルを伸ばすため、ルベツキーはその社員と一緒になって、三〇日計画または六〇日計画を策定する。最終的には、会社と社員が「ウィン‐ウィン」という結果になる。[15]

業績の低い人に企業が価値を付加する方法には、他にどのようなものがあるだろうか？　私たちが最近関わったグローバルな大手銀行には、相当な技術的専門知識を持つ社員が多数いた。しかし彼らには、例えば動きの速い消費財を扱う企業で見られるような、高いレベルの対人スキルが欠けていた。私たちの介入によって、リーダーシップに対する興味や、もっとリーダーシップ研修をしてほしいという要望が刺激されたようだ。私たちはまず、最高幹部チームの調査から始め、彼らの同僚からのフィードバックを求めた。そして順に下っていき、業務の最前線のレベルにまで速やかにたどり着くことができた。そこでは、極めて優秀な技術専門家たちが、自分自身とチームの業績を伸ばすことができるような能力開発を渇望していた。こうした反応に、私たちは驚かされっぱなしだった。何人かは、頭の中に何かがひらめいたようだったとい う。そして突然、キャリアのやや遅い時期ではあったが、リーダーシップスキルの開発を強く求める気持ちを募らせたのだ。この態度の変化は、すでに銀行の業績に良い影響を与えている。

あるいは、競合相手から大きなスーパーマーケット店舗を買収した、イギリスの食品小売業ウェイトローズ〔英国王室御用達の高級スーパー〕の例を考えてみよう。買い取った店舗は無気力なサービス、ぞんざいなシステム、行き届かない顧客経験といった言葉が当てはまる所だった。しかし、ウェイトローズは、既存スタッフ全員の能力開発に投資することを約束した。それは、ウェイトローズの文化が大切にしていること、つまり会社は個人が変わるための触媒となることを実践するという約束であった。同社は、全社員（ウェイトローズでは「パートナー」と呼ばれる）に継続的な能力開発の機会を提供することに対して、深くコミットした。それは、新たに同社に組み入れられたスーパーマーケットに劇的な影響を及ぼした。何しろ、店舗の業績があまりにも良くなったため、周辺の不動産価格が跳ね上がったくらいだった。ウェイトローズが今も抱える大きな問題は、駐車場だけだ。以前のオーナーのときには普段は半分が空いていたのに、増えすぎた需要に対しては狭すぎるというわけだ。

価値の付加に元々備わっている力を活用する

組織が負うべきこの責務は、診断ツールの設問「他者に価値を付加することで、結果として自分自身の価値を生み出している」と「報酬は、組織全体に正しく分配されている」に対応する。注目すべきは、ひとつ目の設問は、組織と個人の両方に当てはまることだ。（自分自身または組織に）付加された価値は、継続的・拡大的に周囲にさらなる価値を付加していくという、建設的な好循環を回すようになる。社員に価値を「付加する」ことと、組織として価値を「生み出す」ことは競合しないということを企業は認識しなければならない。価値を生むために価値を付加する――この二つは明らかに共存する。加えて、職場での所得の分配はあまねく公平であると認められなければならない。実際には、西欧諸国のほとんどで所得の不平等が劇的に広がっている。

大成功を収めている中国企業ハイアールのＣＥＯである張瑞敏《チャン・ルエミン》は、価値を付加するというテーマを次のように理解している。

私は社員のひとりひとりに、会社のために価値を創造するだけでなく、社内に自分の価値を実感できる場所を見つけられるという感覚を得るために、働いてほしいと思っている。

私は社員を過剰に管理したいとは思っていない。また、ある一定の規模にまで会社を拡大させることは、私の目指すところではない。世界の大企業五〇〇社のリストは、一〇年ごとに大きく入れ替わる。社員のひとりひとりに活力を注ぐことができなければ、単に規模が大きいというだけになり、それでは失敗を防ぐ手段にはならない。むしろ、私がハイアールに達してほしいと願っているレベルは、グローバル化したプラットフォーム上で全社員が自分自身の価値を創造できるというものだ。これを達成できれば、ハイアールは極めて競争力の高い企業になれる。[16]

もっと身近な例で考えてみよう。お気に入りのバーやレストランを思い浮かべてほしい。お気に入りになった理由は何だろうか？　料理やサービスや雰囲気を挙げる人がほとんどだが、そのすべてがスタッフのスキルにかかっているとも言える。ある領域での付加価値は、別の領域の価値も増す。それがまた別の領域に、さらに別の領域にと広がる。この点は、本章の最初にあった「テイラー主義とマルクス主義の、どちらの職場に対する認識も、もはや誤りである」という議論と関連がある。価値を付加することが雇用者と被雇用者の両方を豊かにし、さらに顧客を喜ばせることにつながるという考え方を、どちらの理論も理解していない。ただし、生まれた価値がどのように分配されるかについて、疑問がないと言っているわけではない。

マクドナルドが提供する二学期制のブレンド型学習（対面教育とオンライン教育をブレンドした学習方法）は、価値の付加がどんな影響を与えるかについて、ひとつの見方を与えてくれる。学習のハイライトは、同社の「ハンバーガー大学」における仕上げの五日間のシミュレーションだ。そこで、統括マネジャーたちは、部門長の能力を伸ばし、事業計画を作成・実行する方法を学ぶ。

社員がより良い教育を受けたことがきっかけとなって生まれる好循環は、どれだけ大げさに語っても語りすぎることはない。知識がさらに知識を生み、そして知識が共有される。資格を取得した最前線の社員たちが最新の学習成果をチームと共有することによって、職場環境全体がどれほど良くなるかは想像できるだろう。カウンターのこちら側にいる客も、バーガーとポテトを注文するときに、製品とサービスの改善を経験することになる。そしてもちろん、この力はフランチャイズのオーナーやマクドナルドの本社にまで波及する。社員の離職率が下がると（満足している社員は仕事を辞めない傾向がある）、雇用と研修にかかるコストを削減することができるからだ。

別の例を考えてみよう。やはり私たちが関わったことがある、高級品を扱う格式ある有名企業だ。ここでは、社員に付加される重要な価値は評価資本だ。ロレアルやユニリーバ、プロクター・アンド・ギャンブルといった企業から、「十分に能力が開発された」人、すなわち、マネジメントとリーダーシップについて幅広い能力開発をすでに受けている人を引き抜くというのが、この会社のカルチャーの一部になっている。そうしてから、与えられた大きなチャンスにどれほど適応できるかを確認するのだ。この起業家精神に富んだ会社では、「社員の能力開発」のスタイルが、他とはちょっと異なっている。こうして新しく雇用された人が、この競争の激しい環境ですくすくと育つ（あるいは、ただ生き延びる）ことができれば、この会社を辞めた後でも、労働市場でかなりの値がつくことになる。「その価値をいつ現金化すべきか？」は、彼らにとってちょっときわどい質問だ。これは、この組織の社員と幹部のどちらもが考慮すべき重要な事項である。ある人間のキャリアのどの時点で、付加価値はカタチになるのか？　例えば世界の四大会計事務所では、自分はパートナーまでは上り詰められないと、ある時点で気づく人が多い。事務所を辞めるのが遅すぎて、「キャリア・ディレクター」になることを、しぶしぶ受け入れざるを得なくなる人もいる。

ところで、組織が価値の付加による影響を活用する別の方法として、会社の外の広い世界の関係について、すなわちクライアントや顧客、コミュニティ、ステークホルダーとの関係について、考え方を改めることがある。あらゆる場面に価値が付加されるように、意思決定のプロセスに、こうしたパートナーたちを組み入れる方法を見つける必要が組織にはある。私たちが見つけた最高の例として、「ノボ ノルディスクは自問する――私たちは、財務的、社会的、環境的な責任を果たしているか？」のコラムを見てみよう。

もうひとつのパワフルな例は、アーンスト・アンド・ヤング（ＥＹ）〔ロンドンを本拠地とする、世界四大会計事務所のひとつ〕のイギリス事務所だ。スタッフにそれぞれのコミュニティで社会貢献をする機会を与えることで、スキルを伸ばし、彼らのキャリアに貢献するという取り組みを始めた。例えば、ＥＹがプライベート・エクイティ・ファンデーションと共同で設立した「前向きに考える《シンク・フォワード》」というチャリティー事業は、ＥＹ社員と社会から取り残された地元の人でペアを組んでメンタリングを行い、学校と仕事の間の橋渡しをすることによって、若者が前向きな未来を築く手伝いをし、その結果としてニート（就業、通学をせず、職業訓練も受けていない若者）になるリスクを下げるという活動だ。ＥＹや他の企業の似た取り組みは、若いパートナーたちから好意的な反応を得ている。さらに、ＥＹが意識して労働市場で自らを差別化できる方法ととらえられている。

ノボ ノルディスクは自問する
――私たちは、財務的、社会的、環境的な責任を果たしているか？

健全な経済、環境、社会は、事業の長期的な成功のための基盤であると私たちは考える。これが、私たちがトリプルボトムライン（ＴＢＬ）の事業原則に従って経営し、株主やステークホルダーにとっての価値を最大化するビジネスソリューションを追求する理由である。実際には、どのような意思決定においても、常に次の三つの要素を合わせ持つように努めなければならないという意味である。「財務的、社会的、環境的な責任を果たしているか？」ということだ。このようにして、私たちは継続的に業績を最適化し、当社が事業を行っている社会により大きく貢献する。

トリプルボトムラインの事業原則は、『ノボ ノルディスク・ウェイ』と定款（会社内規）にしっかりと結びつけられている。この二つには、「ノボ ノルディスクは、財務的、社会的、環境的な責任を果たせるやり方で活動するように努める」と記されている。

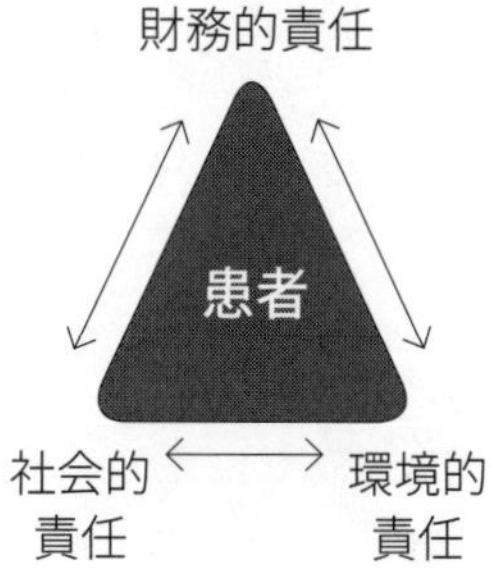

トリプルボトムラインは価値を最大化する

（略）公衆衛生の向上に重点を置いて、持続可能かつ責任を取れるやり方で事業を行えば、患者や社会、株主のためになる。より良い治療を提供し、認識を高め、より早い診断と治療後の健康状態の改善を提唱することによって、慢性的な症状を持つ人々に、より健康で長生きし、生産的な生活を送ってもらうことができる。グローバルなバリューチェーン全体にわたって、信頼のおける倫理的な事業の実践を推進し、私たちの活動によって環境が受ける悪影響を継続的に減らすことによって、社会的に正しく、環境的に持続可能な経済成長を刺激する。最終的に、トリプルボトムラインはビジネスとして成立する。信頼を構築し、事業ライセンスを保護・強化し、最も優秀な人々を引きつけて、雇用し続けることにより、長期的な成長がもたらされる。

出典　http://www.novonordisk.com/sustainability/how-we-manage/the-triple-bottom-line.html
〔現在は右記ＵＲＬにはアクセスできないが、表現を一部変えて左記ＵＲＬに掲載されている。
http://www.novonordisk.com/sustainability/Focus/Our-Sustainability-Approach/Triple-Bottom-Line.html〕

政府には企業や組織に価値を付加する役割があるということも、特筆すべきことだろう。政府は仕組みをつくる。それによって組織は成長することができる。一部は教育や輸送、健康のような分野と関連するが、イノベーションや起業家精神を促進する法律や制度設計も、これに含まれる。例えば、製薬業界のイノベーションは、完全に知的財産法という仕組みによるところが大きい。政策の議論も、どの程度の規制が適切かというポイントに集中することが多い。この問題は、第7章でさらにしっかりと検討していくことにする。

外部のステークホルダーを活用して社員の人生に特別な価値をもたらすもうひとつの例は、第1章で紹介したロンドンの非営利会員制ソーシャルクラブ、ハウス・オブ・セントバーナバス（HoSB）だろう。外食企業であるベヌーゴと組んだことが、ホームレスに持続可能な雇用を提供するというミッションを達成する助けとなった。また、クラブの会費や収入から生まれた余剰金は、ホームレス参加者向けの「就職アカデミー」とそのチャリティープログラムの資金となる。

二〇一三年にこのプロジェクトを始めたとき、HoSBの会長デイビッド・エバンスとCEOのサンドラ・シェンブリは、これから起こる問題のほとんどが、依存症などの「ホームレスであること」に直接関係するものになるだろうと考えていた。しかし実際には、「問題の核心は自尊心の欠如だった」とエバンスは語る。「就職アカデミーではもちろん、技術的スキルやチームスキルなどを学ぶ。しかし、それだけでなく、仕事の制度を信用していない人たちを変える努力をしている。仕事というのは双方向的な関係だということを、彼らに教える。チャンスがあること、ただしそれにはネットワークが必要であること、それが社会資本であることを教えるのだ」

シェンブリは次のように補足した。コンサートやその他の種類のパフォーマンスが開かれる文化プログラムなども含め、「チャンスを人々に示すことです」。このチャンスは、「一般の人々だけでなく、会員とここで働く人たちにも開かれています。これは、過去にそういう経験をしたことがない人たちに価値を付加するもうひとつの方法です」。就職アカデミーは一二週間の就職準備プログラムを年に数回運営していて、毎回二五人程度の参加者がいる。目的は、参加者を接客業界で「働く準備ができている」状態にすることだ。

価値を付加することでどんな好循環が生まれたのだろうか。プログラムは、メンタリングのネットワークによって支えられている。クラブそのものに正社員の職をオファーされた人もいる。それ以外は、地元のソーホーに多数あるレストランやホテルの職を探す。レストランなどの一部はＨｏＳＢと提携している。これまでにＨｏＳＢはすでに、参加者に対して五五〇の潜在的な雇用の機会を生んでいる。

組織がそのスタッフの最高の力を引き出すと約束するときには、ハイリスク・ハイリターンの戦略に足を踏み入れているのだと私たちは認識している。評価資本は簡単に壊されてしまうからだ。企業がその道を進むと決めたら、進み続けると固く心に誓わなければならない。そうしないと、それゆえに苦しむことになる。価値を付加する戦略は、最低でも、社員や顧客、コミュニティとの関係についての考え方を改め始めなければならないということを意味する。このテーマは、次の章でも引き続き検討する。次章では、理想の組織における「本物であること」の重要性を話し合う。

▼リーダーがとるべきアクション▲

◆**能力開発のチャンスを与える。**特別な価値を、豊かに、多様に、概念化する。これまで説明してきた価値のさまざまな形態のすべてについて検討する。これは、単純に技術的スキルを伸ばすことや、研修予算の配分などをはるかに超えた課題である。素早く築ける形態の価値もあれば、時間がかかるものもあることを忘れないこと。

◆**社員に価値を付加することと、組織として価値を生み出すことは、競合しないことを認識する。**この二つは明らかに共存する。価値を生み出すために、価値を付加するのだ。優れた製薬会社は、科学の専門知識で頭がいっぱいの才能ある科学者を雇用する。しかし、薬の開発を成功に導くためには、リーダーとして極めて重要な能力を付加する必要がある。あるいは、お気に入りのバーやレストランを思い浮かべてほしい。料理やサービス、雰囲気のすべてが価値を付加している。これらのすべてがスタッフのスキルにかかっている。

◆**スター社員はそのまま輝かせ、業績の低い社員は成長させる。**能力開発の対象を最も優秀な社員だけに限定しないこと。「平均的な」社員に価値を付加することにはかなりのメリットがあることを理解する。これまであまりにも長い期間、人事部は、有望な社員にこだわりすぎた。そうではなく、幅広く、全体の社員に対して価値を付加することを考えること。

◆**クライアントや顧客、コミュニティ、ステークホルダーとの関係に、特別な価値を付加することについて考える。**付加価値の持続的な好循環をつくり、これを強化するために、意思決定のプロセスに彼らを組み入れる。

◆**組織が個人に価値を付加するために、外部の機会を活用する。**一時的な任務や長期研究休暇を創造的に活用すれば、スタッフのために特別な価値を生み出すことに極めて大きな効果をもたらすことができる。こうした人員配置は、顧客やサプライヤーと協力して行うこともできる。さらに大胆な例として、ＰＷＣなどの組織は、開発途上国でのチャリティー活動にスタッフを派遣してきた。想定を覆し、能力開発を後押しするような、豊かな体験をさせることが目的である。

第4章

「本物」を支持する

アイデンティティ、価値観、リーダーシップ

Stand for Something Real

Putting Authenticity at the Core

組織の理念を記したミッションステートメントが、意味もなく冗舌であることは誰もが知るところだ。この事実は、絶大な人気を誇った「ディルバート（ディルバートという技術者が主人公の、職場を舞台にしたシニカルなユーモアで知られる漫画）による自動ミッションステートメント生成プログラム」がよく象徴していた（残念ながら数年前にネットから削除され、ファンをとても悔しがらせている）。例えば、次の二つのミッションステートメントについて考えてみよう。

「世界水準のインフラを継続的に発展させ、顧客のニーズを満たすために、原則を重視したソースを迅速に作成する」

「敬意、完全性、コミュニケーション、卓越性[1]」

ひとつ目のステートメントは、実際に「ディルバートの生成プログラム」で作成されたものだ。「あいまいさ」の新境地を開拓したと言えるくらいの出来映えである。とはいえ、これと同じくらい遠回しなステートメントは、おそらくほとんどの人が見たことがあるだろう。二つ目のミッションステートメントについては、幸いなことに意味そのものは明確だ。ただ問題は、これがエンロンのミッションだったということだ。明確でシンプルなステートメントであっても、それが「本物でない」という恐ろしい危険が隠れていることもある。

では、私たちはエンロンから教訓を得たと言えるのだろうか？　どうやら違うようだ。ワールドコムやタイコ、パルマラット、ノーザン・ロック、フォルクスワーゲン、シーメンス、ドイツポストや、他にも多くのグローバルな銀行など、最近になってこれらの企業の腐敗に世間は驚いている。人々が企業を深く疑うようになったとしても、それは当然だろう。『ウォールストリート・ジャーナル』と『フィナンシャル・タイムズ』では、多くの企業の中核部分で、健全性が失われている証拠がいくつも報じられた。しかし、この不健全な状態は企業だけにとどまらず、例えば教育や福祉、医療などの分野の、公共部門の組織にも広がっている。

私たちが指摘したいのは、組織のミッションステートメントを策定するだけではまったく不十分だということだ。むしろ、理想の組織であれば、「本物であること《オーセンティシティ》」が意味するあらゆることを取り入れようとするだろう。すなわち、組織がこれまで辿った歴史の観点から見た「本物であること」や、組織の目的につながっていくような、強く心に抱く価値観のひとつひとつを指す。本章ではこの二つを検討していくことにする。

事実、人は何かをはっきりと支持している組織で働きたいと思うものだ（株主価値以外の何か、ということだが）。ただ、「本物であること」というのは複雑な概念だ。近年、「本物であること」を有能なリーダーの資質として挙げる文献が多い。もはや、ほとんど強迫観念だ。

こうした文献の一部には、有能なリーダーになるにはただ「自分らしくあればよい」に近いことを論じているようなものすらある。しかし、リーダーシップに関する私たちの著書では、リーダーシップを発揮するためには、本物であることは必要条件だが十分条件ではないと論じている。

同様に、すでに指摘したように、ミッションステートメントだけでは「本物であること」に対応できない。ミッションステートメントへの人気が急激に高まったのは、ピーターズとウォータマンによる『エクセレント・カンパニー』が出版された後だ。超優良企業の特徴は、一般的に、企業がどのような考えを支持しているかをはっきりと認識していることにあると彼らは論じている。つまり、「価値観に基づく実践」だ。彼らは、「自らの価値体系を見出せ」「自社が何を支持するのかを決めろ」と書いている。[2]

これは悪いアドバイスではない。よくあることだが、問題が発生するのは、企業がミッションステートメントをどんどん書き換えているときだ。書き換えているうちに、組織のあらゆる善意がひたすらに皮肉と不信を生み、結局はミッションステートメントが会社内でインスピレーションではなくブラックユーモアのもとになってしまう。

では、ミッションステートメントだけでは「本物の」組織をつくれないとすれば、何が必要なのだろうか？　本章では、この疑問を追求し、本物の組織が持つ特徴は何か、どうすればその特徴を発達させることができるのかを見ていく。章の終盤にある診断ツールでは、あなたが属する組織が、「本物であること」をどれくらい実践できているかを判断する方法を提供する。

「本物であること」を定義する

私たちが「本物である」と見なした組織が、常に他とは一線を画しているのには理由がある。私たちの研究によって、次のような三つの特性が判明した。つまり、そうした組織はアイデンティティの感覚を持ち、自らの価値観をこだわりを持って実践しており、リーダーが企業の価値観を体現しているのだ。

アイデンティティの感覚

ルーツは重要だ。オックスフォード英語辞典では「authenticity（本物であること）」を「その起源に議論の余地もないこと」と定義している。あなたが属する組織には、アイデンティティを定めるようなルーツがあるだろうか？　もしあるなら、それは何だろうか？

ハウス・オブ・セントバーナバス（ＨｏＳＢ）は、第1章で紹介したロンドンを拠点とする非営利の会員制ソーシャルクラブだ。ここには深く確立されたルーツがあり、それが会員が持つ独特なアイデンティティの感覚の源となっている。同クラブの始まりは、裕福な篤志家が自宅を修道女会に事実上贈呈した一八四六年にまでさかのぼる。以来、そのミッションは一貫して変わらず、「ロンドンのホームレスの支援」だ。貧しい家族を救貧院に送らず、一緒に住まわせることから、この支援は始まった。このチャリティー活動は年を経るごとにターゲットを少しずつ変えていき、最終的には独身女性のための寄宿舎になった。この歴史に裏づけられた感覚が、ホームレスに持続的な雇用を提供するという、今日のクラブの仕事を支えている。

保険会社のニューヨーク生命も、歴史に裏づけられているという感覚にあふれた企業だ。同社は一八四五年に設立された世界最大級の生命保険会社で、あらゆる面で極めて堅固といえる。これには本社ビルも含まれる。マディソン街に面するワンブロックをまるまる占めており、国とニューヨーク市の公式ランドマークになっている。事実、二〇〇八年の金融危機の後、周囲であらゆるものががらがらと崩壊している最中に、CEOであるテッド・マサスは、ニューヨーク生命は「このような時代のために設立された会社だ」と宣言した。この一言は、私の頭にこびりついてずっと離れなかった。なぜなら、それはまぎれもなく真実だったからだ。同社は、安全を保ち、相互保険会社としての原則をしっかりと守り、愚かな賭けに出なかった。ニューヨーク生命が超優良企業であることは、四大保険格づけ機関のすべてから最高評価を得ているという事実が物語っている。

この本のためにマサスにインタビューを行ったとき、彼は、相互保険会社であることのメリットは、利益が最重要なのではなく、この会社が「世のため人のため」のものだと主張できることだと認めている。また、同じ理屈が国有企業にも当てはまるとも論じた。すなわち、利益は、他のもっと意義のある目標を追求した結果の産物である（あるいは産物であるべき）ということだ。「しかし、多くの国有企業は進むべき道を見失い、自分が何者なのかという感覚も忘れてしまっている。ニューヨーク生命は、組織レベルでも個人レベルでも、『物の見方が人とは逆』だ。つまり、自分たちが何者で何をすべきかについて、強い意識を持っている」

ニューヨーク生命は最近、九つの企業特性を定義した。これは、社員ひとりひとりによっても、会社全体としても共有されており、ニューヨーク生命が他社とは一味違う企業である理由と考えられている。ある上級幹部はこれを「恋に落ちた人が書いた愛のポエム」になぞらえた。一部を抜粋しよう[3]。

●説明責任――「自らが会社のオーナーであるかのようにふるまうべし。『彼ら』など存在しない」

●本物であること――「自分が何者であるか、自分の行動がどのように他者に影響を及ぼすかを知るべし。（略）私たちの価値観と相反する行動をとる人がいれば、疑義を呈せ」

●コミュニティ――「顧客や代理店、社員、会社に対して忠実であれ。（略）自分が属するコミュニティの人たちを助けるよう努めよ」
●信念――「意図しないことは言ってはならない。心から信じていないことはしてはならない」
●レガシー――「（当社で）受け継がれる豊かな歴史と伝統に敬意を払い、尊重せよ。（略）私たちを過去へとつなげてくれる伝統やストーリー、教訓を学び、共有せよ」
●永続性――「会社を長く存続させ、永続させるように、前向きな措置を取るべし」

しかし、ニューヨーク生命やハウス・オブ・セントバーナバスほどの歴史を持たない組織であっても、十分に本物になることはできる。ルーツを持つのに年を重ねる必要はない。アップルは、通信やモバイルコンピューティング、音楽、エンターテイメントの業界にイノベーションを起こした、新たなデジタルワールドの寵児だ。そんな企業でも、極めて強いアイデンティティを持っている。この意識は、アップルがどこでスタートを切ったか、どのような対抗勢力と向き合ってきたか、何を証明しようとしていたのか、といったことから生まれたものだ。アップルの幹部を長く務める人と話す機会があれば（この会社には若い人材が多いイメージがあるが、長く在籍している人もいる）、私が聞いたある話をしてくれるだろう。初期の頃、スティーブ・ジョブズとスティーブ・ウォズニアックは、アップル・マッキントッシュのプロトタイプを開発したところだったが、それをどうすればいいか、まったくわかっていなかった。そこで彼らは、当時世界市場を支配していた電子機器企業ディジタル・イクイップメント・コーポレーションにそれを持ち込んだ。ディジタル社はジョブズらが発明した小さくて変な機器を嘲笑し、すぐにカリフォルニアに帰れと言い放った。翌日、ディジタル社の本社に荷物が届いた。「ディジタル社よ、安らかに眠れ。アップルより」と書かれたシンプルなリボンがかかった巨大な花輪だった。皮肉な結末はみなさんご存じのとおり。アップルは世界最大級の企業になり、ディジタル社はコンパックに飲み込まれた。こういう話が、組織にアイデンティティを持たせるタイプの伝説となる。

現在の組織のあり方を伝統の中に置くことが、非常にうまい組織もある。そうすることで、誠実さと本物感をまとうことができる。そして、この新旧の融合を形あるもので示すことも可能だ。ここでは、三つの企業のグローバル・トレーニングセンターについて考えてみよう。最初の施設は、ロンドン郊外にあるユニリーバの「フォー・エイカーズ」だ。イギリスの古いカントリーハウスで、アーツ・アンド・クラフツ〔ウィリアム・モリスが主導した、中世の手工芸を理想とするデザイン運動〕のスタイルで装飾されており、イギリスの伝統的なハーベイシャス・ボーダー〔宿根草が混生した帯状の花壇〕で彩られた庭がある。なんと、クロッケー〔ゲートボールのもとになった球技）用の芝のコートまでもが整備されている。そこにあるバーが、何年もの間、ユニリーバのカルチャーの中心としての役割を果たしていた。そしてこの伝統的な「入れ物」の中に、最新鋭の研修施設が入っているのだ。施設のひとつひとつに、「ベン&ジェリーズ」などユニリーバが買収に成功した企業の名前や、「ダヴ」などの強力なグローバルブランドにちなんだ名前がつけられている。食べ物はヘルシーで、まさしく融合料理であり、組織のアイデンティティとグローバル社会の恩恵を完璧に表現している。この新旧の組み合わせによって、ユニリーバの過去の原点が「仲間だけの」社交文化という側面を持ち、ユニリーバの現在を表すものが真にグローバルなネットワークであると認識していることが物語られている。

あるいは、チューリッヒの郊外にあるクレディ・スイスのコミュニケーション・センターを訪ねてみよう。到着すると迎えてくれるのはスイスの古い農場の建物の一群で、その中心にあるのがハイテクの現代的な建造物だ。そして、少し控えめで心地よいスイスドイツ語によるもてなしを受ける。伊達に社名に「スイス」が入っているわけではない。しかし同時に、同社は完璧にグローバルな企業でもある。慎重さと優れた管理を重視するスイスの企業としてのルーツは、同社の価値提案に欠かすことができないものだ。

最後に、デンマークのファウアホルムにあるノボ ノルディスクの新しい研修施設を見てみよう。この施設は、およそ二〇〇年前からあるひとつの農家を取り囲むように建てられている。

農家の隣と地下には、イノベーションと創造性を刺激するように設計された現代的な施設が横たわっている。建物全体は、参加者間の交流を育てるように考えて設計されており、その結果として、研究開発やサプライチェーン、営業・マーケティング、財務の各部署の人々が、互いの目を通して世界を見るようになる。一枚の長い壁には、魅力的な絵や写真で同社の歴史が表現されており、糖尿病患者の生活を改善するために、長期間にわたる執念とも言える取り組みをしてきたことがわかる。また、施設の立地も象徴的だ。生態学的な興味を刺激する湿地を見渡すことができ、その向こうにはノボ ノルディスクのインスリンを生産するヒレレズの工場が望めるのだ。

この三つの例はいずれも、私たちが世界の各地で訪れた他の多くの無個性な研修施設とは明らかに対照的だ。組織の歴史やカルチャーを、まったく伝えていないものがあまりにも多いのだ。

価値観へのこだわり

本物の組織は、第二の特性も持っている。そうした組織はバリューステートメント（価値声明）に並べられた言葉を超えるカルチャーを育てている。そのようなカルチャーでは、ブランドは単に口先だけの広告キャンペーンではない。実際、ブランドとは、外部に向けたカルチャーの公約でもある。

企業目的の表明はひとつの方法だ。ＢＭＷという企業に満ちている情熱について考えてみよう。同社には非常に聡明なドイツ人のエンジニアが多数働いており、彼らの頭は常に空気力学やギアボックス、エンジンのことでいっぱいだ。仕事に対する強い気持ちは、目に見える形で現れる。「ミニ」を担当するエンジニアのひとりは、朝四時に起きて、ドアパネルの安全性を高めるアイデアを書き留めることで有名だ。この種の献身は、会社のあらゆる場所で見ることができる。階層の低い社員たちであっても、新モデルについての知識は、上級幹部と同じくらい豊富だ。本社の廊下で誰でもいいから呼び止めて、「ＢＭＷとは何か」を聞いてみると、「究極のドライビング・エクスペリエンス」と即答するだろう。彼らにとってこれが単なるスローガンではないことに即座に気づくはずだ。これは、「こだわり」である。

あるいは、まったく違う業界の例として、ＢＢＣ（英国放送協会）の自然史を担当する部署を挙げてみる。彼らが制作する素晴らしいネイチャー系の番組は、この分野でおそらく最高峰だろう。『ブルー・プラネット』や『地球に生きる』などの番組は、世界中で放送されている。メンバーは、この部署の目的と価値を完璧に理解している。あまりにも完璧なので、わざわざ書き出すには及ばないほどだ。実際、彼らには、お高くとまったＢＢＣ本部によるミッションステートメントにかかずらっている時間などほとんどない。彼らがただ願っているのは、世界で最高のネイチャー番組をつくりたいということだけだ。もしそれが、「熱帯雨林の蛾の行動の、ごく些細な部分のみに興味を示す、自然研究家のこだわりを思いのままに満たすこと」を意味するのであれば、そうするまでだ！

価値観に命を吹き込むもうひとつの方法は、徹底して基準を順守することである。すでに見てきたとおり、ニューヨーク生命で働くスタッフ全員にとって、基準がすべてである。手を抜くような会社ではない。物事はきちんと正しく行われ、「自らが会社のオーナーであるかのようにふるまうべし。『彼ら』など存在しない」と言われている。では、もしそうした基準に違反する場面を目撃したらどうするか？　ニューヨーク生命の答えは、明確だ。ここでも九つの指針から引用しよう。「私たちの価値観と相反する行動をとる人がいれば、疑義を呈せ」だ。三一年間保険代理店をしているマイケル・バリーは、元々、余剰人員として教師の職を突然失った後、同社の仕事をすることになった。「『後から入った人が先に辞めさせられる』ケースでした。業績とは何の関係もなかったのです。こんなふうに仕事を失うことはもう御免です。だから私はニューヨーク生命を選んだのです。年を経るごとに、この会社をどんどん好きになってますよ。ここは、トップダウンとは正反対の会社です」

例えば、同社はあえて中核事業にこだわり続け、近年、幅広い金融サービスに市場のマネーのすべてが集まったときでさえも、そんなものには背を向けていたとバリーは語る。その頃、代理店はその姿勢を快く思っていなかった。まるで損をしているように感じたからだ。まさにこのとき、当時ＣＥＯだったサイ・スターンバーグが代理店との公開フォーラムを開いた。「彼はまったく遠慮などせずに、『私たちは生命保険会社です。しかもこの仕事が得意なのです！　そのうえ、相互保険会社です。これは強みなのです！』と言いました」。バリーによると、ニューヨーク生命の代理店はこの価値観に心から賛同し、自分たちで学習グループをつくって、週末に会合を開いたという。「私たちは互いに競合相手ですが、同時に友人でもあります」と彼は言った。

ニューヨーク生命は、これとは別に、顧客へのコミットメントによっても価値観を守っている。「ここは、保険の支払請求をなんとかして逃れようとするような会社じゃありません。ある男性が生命保険を掛ける手続きをして家に帰り、小切手を切って、机の上に置いた。そしてその夜、彼は亡くなりました。保険料はまだ支払われていませんでしたが、ニューヨーク生命は請求に対して保険金を支払ったのです」とバリーは私たちに語ってくれた。

手を抜かずに基準を守ることに集中する同種の姿勢は、ＬＶＭＨが所有する高級スコッチモルトウィスキー蒸溜所のアードベッグにおいて、製品がどのようにして開発され、市場に出されるかを通して見ることができる。アイラ島という孤島で少人数のスタッフによって丹精込めてつくられたウィスキーは、複雑でピート臭が強いが、甘くスモーキーなフレーバーで、世界に名を馳せている。こうした特性は偶然の産物ではない。一般的にほとんどのウィスキーは冷却濾過されており、アルコール含有量（ＡＢＶ）を四〇度にまで下げられている。しかし、アードベッグの一〇年ものは、冷却濾過されておらず、四六度もある。こうすることで、ボディと深みを増しながら、フレーバーを最大限に保っているのだ。アードベッグがウィスキー業界で受賞の常連だと聞いても、何の驚きもない。こうした業績は間違いなく、生産基準に妥協しようとしなかったことの賜物だろう。品質へのこだわりは、アードベッグを宇宙にまで連れ出した。重力が熟成プロセスに与える影響を調査するためだ。蒸留・ウィスキー製造ディレクターであるビル・ラムスデンの説明によると、「私たちは、顧客にさまざまな味わいを体験してもらえるように、常に新たな方法を探っています。アードベッグの酒と樽を宇宙に送る機会は、まさしく天から授かったチャンスでした。そして、微小重力がモルトウィスキーの熟成に与える影響を調べる史上初の研究が、今行われているのです」

　では、最後に少し毛色の違う例を見てみよう。マンチェスター・ユナイテッドはただのサッカーチームではない。グローバルなビジネスだ。二〇一四年の収入は四二〇万から四三〇万ポンドと予測されており、ヨーロッパ最大級のスポーツ企業であると同時に、全世界からファンを引きつける魅力も備えている。市場調査会社のカンターの最近の計算によると、成人のマンチェスター・ファンは、世界全体で六億五九〇〇万人にも上る。[4]さらに、プロサッカーの歴史で、スポーツウェアとしては最高のスポンサー契約をまさに獲得しようとしているところだ。[5]要するに、マンチェスター・ユナイテッドは世界のスポーツ界で最も成功し、価値が高いプロスポーツチームであり、その成功は高い基準を厳格に順守することに基づいたものだということだ。このチームは、プレーにおいても、練習や行動においても、異常なほどに高い基準を自らしっかりと守る。トレーニングの各セッションでは、強度や集中、スピードに目が注がれる。ロナウド（現レアル・マドリード）やベッカム（引退）、スコールズ（引退）などのスタープレイヤーたちも、こうした高い基準を体現してきた。いいかげんであることは、決して許されない。

最後に、企業のカルチャーが持つ価値観は、人との関係性を通しても現れる。ハイネケンを例として考えてみよう。同社は、社員八万人という規模や世界的な広がりにもかかわらず、今も独特の家族経営的な性質を残している。偶然そうなったわけではない。一九九〇年代半ばにフレディ・ハイネケンが会長の座を降りたとき、彼はこう言った。「醸造所は私にとって子供のようなものだ。もちろん、自分の子供にさようならを言う人間などいない」[6]。もうひとつの例は、昨年、ある国のハイネケンの支社長が、フレディ・ハイネケンの娘であるシャーリーン・デ・カルバーリョ・ハイネケンを仕事で迎えたときのことだ。二人はすぐに打ち解けたという。事業に対する情熱や知識はもちろん、親しみやすさの点でも彼女は素晴らしいと、支社長は私たちに語った。

家族や友人を重んじる価値観は、ハイネケンという会社の強い特徴だ。それは一度限りではなく、繰り返し現れる。会社の文献によると、ハイネケンは、「良き時間、良き友、良きビールとの長く幸せな結びつき」という考えを大切にしている。本社は、かつてはハイネケン家の自宅だったアムステルダムによくある古い建物で、壁には過去から現在までの会長の肖像画が飾られている。幹部たちは、自分と会社との結びつきがいかに強く深いかについて語る。会社への忠誠心や関与が、ハイネケンが単なる仕事やブランドというレベルを超えていることを意味している。

ハイネケンの社交的なカルチャーは、製品やブランドとの強い一体感をさらに増幅する。にぎやかで形式ばらない社員食堂、定期的に開かれる社交的なイベント、仕事以外での家族とのふれ合いなど、あらゆる場所に親しみやすい雰囲気が満ちている。もちろん、製品もそれを後押ししている。ひとりのマーケターが私たちにこう打ち明けた。「私たちはビールを売っているのではないということに、もちろんお気づきでしょう。感情の付き合いを売っているのです」。ハイネケンでの親しい付き合いは、偶然生まれるものではない。会社の原点や、幹部のリーダーシップ、社交上の慣例、製品、広報活動に根差したものだ。ハイネケンの上級幹部に、企業の新人幹部のための「成功の法則」を尋ねると、極めてシンプルなアドバイスをもらった。「ビールで酔っ払え！」と。

モデルとなるリーダーたち

本物の組織には、本物のリーダーがいる。「ニワトリが先か、タマゴが先か」のように聞こえるかもしれない。確かに、どちらが先かを決めるのは難しい場合が多いだろう。この点を説明するために、サッカークラブの例に戻ってみる。

マンチェスター・ユナイテッドの近年の成功は、サー・アレックス・ファーガソンのリーダーシップによるところが大きい。監督を務めた二六年の間に、彼はおそらくあらゆるスポーツで最も成功した監督になった。チームはプレミアリーグのタイトルを一三回、その他のイギリス内外のトロフィーを二五本獲得した。

ファーガソンは就任直後から、自分の仕事は、試合をする「チーム」を構築するというよりも、「クラブ」全体を構築することであると考えていた。彼の言葉によると、それはボトムアップの構築を意味している。強力なユースチームを確立することが、この目標には欠かすことができなかった。つまり、結果がすべての業界にいながら、長期的な視点を持ち続けなければならない。ファーガソンには、長期的な業績のために短期的な成功をあきらめる覚悟ができていた。このやり方は、クラブ黎明期の歴史とカルチャーに合致すると、彼は感じていた。発足当初から、若いプレイヤーの能力開発に熱心であることが特徴だった。一九五〇年代、伝説的なチームである「バスビー・ベイブス」（マンチェスター・ユナイテッドの当時のニックネーム）には、傑出した若いプレイヤーが集まっており、まさにそのカルチャーを象徴する存在だった。残念ながら、彼らの多くが「ミュンヘンの悲劇」（一九五八年二月の英国欧州航空機衝突事故）と呼ばれる事故であまりに残念な死を遂げた。ファーガソンは若手の育成に力を注ぐことで、将来のためにチームを構築する努力をしながら、こうした過去の記憶を呼び覚まさせたのだ。先に触れたユニリーバやその他の研修施設と同様に、ファーガソンは伝統と現在の組織のあり方を融合させたということになる。

もうひとつは、おそらくポルトガルで最も有名なビジネスマン、ベルミロ・デ・アゼベドの例だ。彼とは長年の知り合いである。起業家、経営幹部、リーダーとして、恐ろしく優れた人物であり、素晴らしい実績を挙げている。私たちがこの本を書き終えるときにはちょうど、彼はソナエ社での在籍五〇周年を迎えようとしていた。ソナエは、小売りやメディア、情報システム、通信の分野で事業を行い、大きな成功を収めた企業である。個人としてのベルミロは、ソナエが持つ主な特性の多くを体現している。例えば、レジリエンス、勤勉さ、決意の強さ、競争心の強さ、業績の重視だ。この勝利のカルチャーは、私たちが前著『企業の特性（*The Character of a Corporation*）』で高く評価したものだ。

創業時のソナエは合板の仕事をしていた。現在はソナエ・インダストリアが担っている事業である。ベルミロの記念祝賀会は、この行事のために特別に改造された、ソナエ・インダストリアの巨大な倉庫の中で開かれた。ベルミロの人生と業績を記録した展示に使われた素材は、木製のパレット〔フォークリフトによる荷役用の木製の台〕だった。ステージ上のオーケストラの後ろには、貨物コンテナが巧みに配置され、ライトに照らし出されていた。数百人の招待客には多くのＶＩＰが含まれていたが、ベルミロのテーブルに同席していたのは彼の孫たちと妻だけだった。模範的なリーダーシップや歴史的ルーツ、しっかりとした価値観――これらに反映されるような「本物であること」を祝賀した儀式として、素晴らしいイベントだった。

しかし、本物の組織を支える価値観を実際に体現するようなリーダーになろうと思うなら、必ずしも階層のトップに立つ必要はない。この本の調査をしているときに、私たちはアメリカのビジネススクールで、若いアフリカ系アメリカ人の外食産業のマネジャーに出会った。彼女は、学生にとって魅力的で、共に働き、遊び、学べるような外食店舗をゼロから立ち上げるという、気が遠くなるほど大変な仕事を課されていたが、この難題にうまく向き合っていた。まず彼女は、デザインや色、空間、家具に焦点を絞った。その次には、シェフから皿洗いまで、「働く、遊ぶ、学ぶ」という精神を実践できるスタッフを採用するという、非常に大きな課題が待っていた。さらに、サステナビリティや健康に関心のある学生との接点になる、メニュー構成を考えなければならなかった。

やや感傷的に聞こえるかもしれない。しかし私たちが見たところ、この外食産業のマネジャーは、価値観のすべてを誠心誠意実践しており、最も重要で、かつ他とは異なるものをきちんとこの店舗に与えていた。彼女の店を訪れると、学生たちが政治や哲学について議論していたり、背中を丸めてノートパソコンに向かって宿題に取り組んでいたり、ボードゲームに興じていたり、ただ笑い合っていたりする様子を目にするだろう。彼女は、仕事を通して、楽しみを通して、そしてスタッフや顧客との絶え間ない対話を通して、エネルギーを放出している。彼女は、浸透させたいと思っている価値観を形にすることができる。そういう、他者にはないリーダーとしての能力を持っており、本物のスペースを生み出すことに成功した。スタッフだけでなく、学生や教職員が、実際に共に働き、遊び、学んでいるのだ。

所は大きく変わって、中国。董明珠《ドン・ミンツー》という名前のビジネスウーマンが、格力《グリー》電器というエアコンメーカーを、元気のない国内ブランドから売上一〇〇億ドルを超える世界のリーダー企業に変貌させた。この企業は急速な成長を続け、製造工場をブラジルやパキスタン、ベトナムにも建設している。董明珠は、身分が低い労働者階級の家庭に七人兄弟の末っ子として生まれ、格力電器の出世の階段を、最下層の販売員から社長にまで苦労して上り詰めた。彼女の成功は犠牲なしには達成できなかった。董明珠の仕事に対する姿勢は伝説的とまで言われている。まず、二〇年間、一度も休暇を取ったことがない。数年前に夫が他界したときでさえも、三歳の息子を南京にいる彼の祖母に預け、格力電器を築くことに身をささげ続けた。息子のもとを訪ねるのは、仕事で南京に出張するときだけだった。このストーリーには後日談があり、一二歳になった息子が彼女のもとを訪ねたときにも、彼を車で空港まで送ることを拒み、他の誰かが送ることも禁じた。息子はバスに乗って帰った。また、自分の兄弟が格力電器の特約店を経営するのに優遇措置を求めた際にも、値引きを断った。彼らはその後何年も口を利かなかったという。

それでは、本物の組織には厳格なリーダーが必要だということだろうか？　必ずしもそうではない。しかし、時には、そして中国のような文化を持つ地では特に、個人として極端に厳格な規範を示すリーダーが、社員から絶大な尊敬を集める。四万人いる社員のひとり、献身的な営業マネジャーは、こう言った。「董明珠はいかなるときにも董明珠でした。私たちも、彼女の前では何かをできないなどとは決して口にしません。私たちは皆、成功するという彼女の意志を共有しなければならないのです」。ただし、董明珠の評判は、タフさについてだけではない。彼女が社員を大切にする気持ちは、例えば女性社員が中国の一般企業に比べて二倍の産休を取れることに反映されている。董明珠は実際、私たちの著書『なぜ、あなたがリーダーなのか？』（英治出版）で「妥協なき自己移入（Tough Empathy）」と呼んだものの典型だ。厳しいタイプの思いやりであり、彼女の部下も同じもので応え、忠実に真似をしている。[7]

ここまでの事例のすべてが、社員と顧客にとって、明らかにプラスの結果を生んでいた。しかし、リスクは避けられない。組織の価値観を正しく実践してみせるリーダーが、誰からも称賛される事業を生み出せるとは限らない。たとえそれが、経済的に成功していてもだ。さらに、価値観がひとりの権力者にあまりにも強く結びつくものであれば、その権力者を入れ替えずに組織が変わることは非常に困難だろう。

ここからは、ライアンエアーの無駄を許さないタフな社長、マイケル・オリアリーについて考察してみよう。ライアンエアーは、付帯サービスのない格安航空会社で、ヨーロッパ最大級の航空会社に成長した。ライアンエアーの成功は、最低価格の提供というシンプルな提案に基づくものだ。しかし、発足当初から、座席指定を希望したり、ボーディングパスの印刷を忘れて空港に到着したり、その他のさまざまな「違反」があれば、相当の追加料金を払わなければならなかった。さらに、機内で無料のドリンクや軽食は期待できない。あらゆるものに追加料金がかかった。会社自体は今もうまくいっているが、情け容赦のない追加料金の適用が顧客の複雑な評判を生んだことは疑いようもなく、それに対する顧客の憤りはブラックユーモアのネタになっていた。しかし、オリアリーは頑なに考えを変えず、切り詰めた格安サービスに対する顧客の非現実的な期待を公然とけなしたことで有名になった。彼らは安価なものを買った。そして、(正しく)安価なものを得たのだと。

ライアンエアーの企業カルチャーは、社長の喧嘩っ早い性質から生まれたものに間違いなく、これまでに少しずつ積み上げられてきた。しかし、物事は変わるものだ。競合他社が価格を接近させ、提供するサービスの水準を上げてきたことにより、ライアンエアーはもっと顧客に優しいサービスを提供することを目指し、明らかな改善を試みざるを得なくなった。オリアリーがトップに立ったままこれを達成できるだろうかというのは、興味深い質問だ。自らが「本物であること」を失っていないように見せながらも、彼自身がどれほど変わることができるか？始まりとしては、なかなか良い兆しを見せている。株主と顧客の両方が、以前よりも満足しているのだ。

しかし、別の箇所でも論じたとおり、本物であることと、いつも同じであることとは別物だ。ハイネケンはこれにぴったり当てはまる良い例である。同社の社交的なカルチャーについてはすでに語ったが、リーダーであるフレディ・ハイネケンはこのカルチャーを本当によく理解していた。数年後、タフなオランダ人のカレル・フールステーンが、同社のＣＥＯとして招かれた。彼は、前職のフィリップス・ノース・アメリカで経営を見事に立て直したとして、良い評判を築いている。着任した直後に彼は、ハイネケンはひとりよがり気味で活気のない企業になってしまっており、世界のビール市場の力学が変化しつつあることに気づく必要があるという見解を述べた。そこで彼は、ある種の「厳しいよそよそしさ」を体現することにした。彼は、競争の激しさについて、ハイネケンの居心地のよい世界を破壊しうるアンハイザー・ブッシュ〔バドワイザーのメーカー〕のような巨大企業を、絶えず引き合いに出すことにしたのだ。このメッセージが伝わり、ハイネケンは、世界的な競争力を有するビールメーカーとしての地位を再確認することができた。そして、フールステーンも、彼の深いビール愛と社交性をふたたび表明できるようになった。彼は、ハイネケン本社にある楽しいバーの常連客だ。そこは、一日の終わりに幹部たちが集まり、アイデアのキャッチボールをする場所だった。

組織にできること

これまで、「本物であること」を自らの中心に据えている組織の特性について論じてきた。診断ツール「あなたが属する組織は『本物であること』を支持しているか？」では、あなたが働く会社が本物であるかどうかを素早くチェックすることができる。

私たちの調査では、回答者の裁量の大小にかかわらず、結果は同じ傾向を示した。最初と最後の設問のスコアが少し高く、「利益が私たちの最優先目標ではない」が最も低かったのだ。診断ツールの各設問は、組織とリーダーに課せられた重要な責務が何であるかを示してはいる。ただ、はっきりさせておこう。「本物であること」の分野には、手っ取り早い策などない。

あなたの組織が本物になるために「やるべき五つのこと」というようなリストを用意することなどできないのだ。本物の組織をつくるには、忍耐力とレジリエンスが、つまりある種のひたむきさが必要だということを強調しなければならない。ひとつ注意してもらいたいのは、実際のところ、大きな官僚的組織よりも、小さなスタートアップ企業のほうが本物になれるチャンスが大きいかもしれないということだ。とはいえ、スタートアップ企業であっても、急成長する事業に特有の苦労（キャッシュフローの問題など）に足を踏み入れたら、価値観に背かざるを得ない事態にはならないように、やはり注意しなければならない。

本章で取り上げてきた良い事例を見て、全体として気づくことがある。こうした組織は、一瞬だけ通り過ぎるような流行やファッションについて、懐疑的だということだ。つまり、「物の見方が他者とは逆」であることが多い。自分たちが何が得意かをとてもよくわかっていて、とことん考え抜かれていないような一時的なトレンドに納得する様子はない。これは、変化の必要性を認識していないとか、変化に対応できないという意味ではない。

「本物であること」については「タスクリスト」の提示をためらっていたが、これまで見てきた本物の組織に続くであろう企業のために、三つのタスクを紹介する。「油断しない」、「過去の遺産に感謝する」、「個人と組織の間のつながりについて真剣に考える」だ。

診断ツール

あなたが属する組織は「本物であること」を支持しているか？

1＝まったくそうそう思わない　2＝そう思わない　3＝どちらでもない
4＝そう思う　5＝とてもそう思う

- 私は、組織が何を良いものとして支持しているかを、きちんと把握している。

  1　2　3　4　5

- 私は、組織がそうして支持しているものを、尊重する。

  1　2　3　4　5

- 私は現在の職務を超えたい。

  1　2　3　4　5

- 利益が私たちの最優先目標ではない。

  1　2　3　4　5

- 私は価値あることを成し遂げようとしている。

  1　2　3　4　5

- 私は自分がどこで働いているかを人に言うのが好きだ。

  1　2　3　4　5

1か2をつけた設問には、継続的な注意を払う必要がある。スコアの合計が18を下回ったら、組織生活の中でも特にこの診断分野に、改善の必要があることを示している。本当に改善するための時間を組織にどれくらい与えられるかを自問すること。

油断しない

本物の組織は、自らの価値観とそれがいかに適用されるかを絶えずチェックしているように思われる（これは、診断ツールの「利益が私たちの最優先目標ではない」と「私は価値あることを成し遂げようとしている」に対応する）。例えば、ジョンソン・エンド・ジョンソン（J&J）と一緒に仕事をしたときに、あるコンサルタントが公の場で叱責されたところを目撃した。その理由は、同社の価値観を凝縮した「J&Jの信条」に反すると思われる行動をとったというものだった。少し驚いたが、私たちはすぐに、ここは価値観を本当に大切にする企業なのだと気づいた。そして、「信条」についてのワークショップがいかに重要であるかがわかるようになった。このワークショップの目的は、社員が企業の価値観について議論し、批判し、実践できる場を定期的に提供することである。J&Jは、信条の伝達と実践が一致していることについて、模範的と思われる企業だ。しかし、すべてが完璧だと彼らが満足することは決してない。これからも、「信条」ワークショップに費やされる時間と費用と労力を、有用な投資と考えるだろう。

ノボ ノルディスクでは、経験豊かな幹部が系列組織を定期的に訪問し、「ノボ ノルディスク・ウェイ」がきちんと守られていることを確認する。この仕組みは同社のカルチャーにしっかりと根づいたものであるため、中央によるでしゃばりな管理というよりも、フィードバックを生む源泉として前向きに認識されている。

過去の遺産に感謝する

これは、診断ツールの「私は、組織が何を良いものとして支持しているかを、きちんと把握している」と「私は、組織がそうして支持しているものを、尊重する」に関連する。しかし、自分たちの原点を理解するということは、偶然に起こることではない。私たちがこの研究で発見したのは、本物の組織は、長かろうと短かろうと、その歴史を熱心に学ぶということだ。また、物体をその象徴とすることもある。ノボ ノルディスクやクレディ・スイス、ユニリーバの研修施設がその例だ。または、言葉で表現したり、社員に対する明確な要求事項としたりすることもできる。ニューヨーク生命が社員に「（当社で）受け継がれる豊かな歴史と伝統に敬意を払い、尊重せよ。（略）私たちを過去へとつなげてくれる伝統やストーリー、教訓を学び、共有せよ」と求めていたことを思い出してみよう。

近年最もエキサイティングで革新的な製薬企業は、ジェネンテックだ。この会社は、アバスチンやハーセプチン〔いずれも抗がん剤〕のような人生を変える薬を開発している。歴史の浅い会社だが、その遺産はすでに強固だ。この業界のどこかでかつてジェネンテックに勤めていた人に出会ったら、その当時のことを大絶賛するのが彼らのお約束である。

個人と組織の間のつながりについて真剣に考える

これは、診断ツールの設問「私は自分がどこで働いているかを人に言うのが好きだ」と「私は現在の職務を超えたい」に対応する（すなわち、「本物の」自分自身を仕事に捧げれば、職務記述書よりも優れた人材になる）。C・ライト・ミルズの古典とも言うべき著書『社会学的想像力』（紀伊國屋書店）が思い起こさせてくれるとおり、人間は、個人の経歴と社会の歴史の間、はっきりしない私的問題と公的問題の間につながりを見出すことによって、力を得たと感じるものだ。[8] このように個人と組織を並列に置くことで、私たちは社会生活において知識と意志を併せ持つ「一人前の市民」になれる。先日、サムスンの国際人事作業部会は私たちに、興味深い質問を投げかけた。同部会は、「徳の性質」を調査するために設立されたものだ。彼らはこう尋ねた。「なぜ私たちは学校で子供に徳の高い人間になるようにと教えるのに、彼らが大人になって働き始めると完全にそれを忘れてしまうのか？」。私たちの見解は、本物の組織を構築するためには、この難問は避けて通れないというものだった。

次章では、「仕事の意義」の問題を議論する。夢（ＤＲＥＡＭＳ）の組織では組織そのものに意義があるからこそ、そこで行う仕事は意義のあるものになる。

▼リーダーがとるべきアクション▲

◆**自分の中にある「本物であること《オーセンティシティ》」を、行動で示す。**自分が示さなければ、他の人に「本物であること」を期待することなどほとんど無理だ。私たちが過去にも繰り返し勧めてきたように、自分自身に忠実になることだ。これは、人とは異なる個性の中で自分にとってプラスに働くものと、弱点の中で効果的に人間味を加えてくれる可能性のあるものという二つの観点から、あなたが持っているものを理解することを意味する。この自己洞察があって初めて、特定の文脈や関係において何がうまくいくかを探ることが可能になる。本物であることをうまく伝えられるかどうかは、自分の置かれた状況をうまく読めるかどうかによるということを忘れないこと。

◆**自分の中にある「本物であること」の個人的なルーツを理解する。**組織にルーツがあるように、あなたにもルーツがある。ルーツをないことにしようとするのは本物とは言えないが、現代の流動性が激しい世界ではこれを試みる人もいる。あなたの起源と現在地の間のバランスを探すこと。つながりをつくろうと思ったら、今働いている場所に適応する必要があることは明らかだ。型にはまりすぎると、個性やリーダーとしての能力を失うことになるが、適応が不十分だと、持続可能な変化を生むことができなくなる。

◆ **自分が何を良いものとして支持しているか、何に誇りを持っているかを伝える。明確に、シンプルに。**このコミュニケーションを組織の目的や価値観につなげるチャンスにしよう。自分の個人的な話をしよう。これは非常に有効な手段だ。どの価値体系に一番力があるかは、現実のふるまいから推測できる。書き留める必要はない。

◆ **本物であることについて、他者からのフィードバックを得る。**あなたが本物でない状態に陥っていると、同僚たちは本当によく気づくものだ。しかし、あなたが組織のトップに近い立場にいるのであれば、受け取るフィードバックの多くにはすでに念入りなフィルターがかけられていることを覚えておくこと。実際に何が起こっているのかを見抜けるようにしておこう。

第5章

意義ある ものにする

日常の仕事にやりがいをもたらす

Make It Meaningful

Ensuring the Daily Work Is Intrinsically Satisfying

会社の業務にはミッションと目的がある。社員には、その意義が共有されていて、自分が理解しているという感覚が必要だ。第4章で見てきたとおり、これこそが「本物であること《オーセンティシティ》」を体現する職場である。しかし、私たちがインタビューしてきた人たちが望んでいたのは、それだけではなかった。自分がする仕事そのものに、やりがいと意義を強く求めていたのだ。ひとりの社会人として、起きている時間のほとんどを仕事に使うのであれば、意義ある活動をさせてくれる場所であったほうがいいということだ。それに気づいた私たちは、ワークライフバランスに関する問題について、やや異なる見方をするようになった。仕事は人間という生物の特徴を非常によく表している。仕事がなければ、人生そのものが持つ意味を、部分的に失ってしまう。「バランスの取れた生活」を実現するための代表的な解決策——家にいる時間を長くして、オフィスにいる時間を減らす——では、意義を求める気持ちに応えることはできない。一九七〇年のことになるが、世界的な建築会社の、オーヴ・アラップ・アンド・パートナーズの創設者、オーヴ・アラップは、幹部に対する「基調演説」の中で次のように語っている。

生計を立てる仕事には、二つの見方がある。ひとつは、故ヘンリー・フォードが提起した見方だ。仕事は必要悪だが、現代の技術をもってすれば最小限にまで減らすことができる。人生とは、「自由な」時間に生きた余暇のことである、というものだ。もうひとつは、仕事を面白く、やりがいのあるものにし、仕事と余暇の両方を楽しむ、というものである。私たちが選ぶのは二つ目の方法だ。これは譲れない。[1]

あるいは、伝説的な作家であり、ラジオジャーナリストでもあるスタッズ・ターケルは、次のように述べている。

仕事とは、日々の生きる糧であると同時に日々を生きる意味であり、現金を得るためであると同時に認められるためのものであり、要するに、月曜から金曜のいわば「死」のためというよりは、むしろ「生」のためのものである。（略）私たちには、仕事に意義や承認、驚き、そして人生が含まれていることを求める権利がある！[2]

理想的な組織は、それ自体にやりがいがある仕事をさせてくれる。これは、仕事を充実させるために、単に何かをつけ加えるということとは次元が違う。ある人の仕事を他の人につなげる仕事であり、過剰な管理を行ったり、人を孤立させたりするような職場のカルチャーを退ける仕事である。こうするには、少なくとも、各個人が行っている仕事を慎重に再検討する必要がある。はたして、この職務は理にかなっているか？　今のような仕事内容になっている理由は？　その人の興味に沿うものだろうか？

これはあまりにも膨大で複雑な取り組みだ。事実、「人間は、どこで、いかにして仕事に意義を見出すか」に関する研究はあふれるほど存在する。[3]社会哲学者のアラン・ド・ボトンは、シンプルに表現した。「喜びを増すか、苦痛を減らせば意義が生まれる」。美味しい料理を出したり、素晴らしい車を売ったりすれば、顧客の喜びを増すことができる。革新的な医療サービスを提供すれば、苦痛を減らすことができる。ド・ボトンは実際に、理想の仕事とはどんなものかと人々に尋ねた。最も多かった答えは何だと思うだろうか？　実は、小さなゲストハウスか小さな店を持つことだった。この二つに共通するのは、仕事と結果に確かなつながりがあることだ。あなたが注いだ労力から他者がメリットや喜びを得るところを、目の前ではっきりと見ることができる（調査によると、さらにその延長線上には、他者に喜びを与えたことから得られる自らの喜びがある）。[4]

これにまさしくぴったりの事例を挙げよう。この本のためのフィールドワークを行っていた私たちは、インタビューに消耗する日々をロンドンで送っていた。長く、厳しい日になることが多かったのだ！　しかし、コーク州出身のアイルランド人二人で経営する小さなバーを見つけてからは、こうした日々もしのげるようになった。バーはいつも満員だった。アイルランド人の店員は、悩める都市の労働者たちの喉の渇きを癒やすために、次から次へとギネス・ビールを注ぎ、その顎からは汗がしたたり落ちていた。あるとき、このバーでは珍しく少し静かな時間があった。私たちは、こんなに忙しい店で働くのはどんな感じなのかと彼らに尋ねた。ひとりが愉快なアイルランド訛りで、示唆深い答えを返してくれた。「楽しいよ。本当に飲みたそうにしているお客のために、ギネスを完璧にグラスに注ぐことくらい素敵なことはない。感情が高ぶった数時間が終わると、確かに疲れは感じるけれど、不思議なことに幸せなんだ」。もちろん、この店は商売としてもかなり儲かっている。

ド・ボトンによる、喜びを追求し、苦痛を避けることについての関心は、のちの西洋哲学のテーマにつながっていく。西洋哲学は、強力な功利主義を近代の実存主義の考え方と結びつけている。前者は、行動が正しいかどうかは、人間の幸福をどれだけ増やし、苦痛をどれだけ減らしたかによって判断されるべきと主張し、後者は、幸福になる責任は個人にあると主張する。アルベール・カミュが簡潔にまとめたとおり、「人生は選択の積み重ね」だ。

カミュの言葉は、「なぜここで働かなければならないのか?」という問いの答えを探している本書には、まさにぴったりの表現だ。現代の組織は最も優秀な人材に「選んでもらう」（組織が選ぶのではない）ためにさらに努力しなければならない、ということが本当なら、社員を引きつけ、最善の仕事をしてもらえるように刺激を与えるために、それ自体に意義がある仕事を提供することが不可欠である。

本章では、なぜ仕事に意義がないように感じる人がいるのか、時には退屈でつまらないように感じる人がいるのか、その理由について議論していく。また、人が仕事に見出す意義の源泉が何であるかを検討していく。特に、仕事によってどのように他者とつながるのか、広いコミュニティの中で自分の仕事をどう位置づけ、自分の仕事が組織全体の理念にどのように関係するかについて検討する。最後に、診断ツールを使って、あなたの組織がどの程度の意義をスタッフに提供しているかを判断し、それをどのように改善していくかについて、具体的な提案もする。

なぜ仕事に意義を見出せなくなるのか？

なぜ仕事に意義を見出せなくなるのか？　ド・ボトンが示したとおり、三つの要因がこの質問に答える鍵となるだろう。

ひとつ目は「大規模化」である。大企業はあまりに巨大すぎて、個人の仕事を結果に結びつけることが難しい。産業革命以降の労働の歴史を調べれば、資本主義には、時とともに富と資源の集中を加速させる傾向があることがわかる。かくして、私たちは巨大企業の勃興を目撃することになった。アメリカでは、このプロセスの進行が驚くほど速かった。資本蓄積が、世界の他のどの地域よりもずっと速かったためである。一九二〇年代に、アメリカ随一のタイヤメーカーであるザ・グッドイヤー・タイヤ・アンド・ラバー・カンパニーのフランク・セイバーリングやポール・W・リッチフィールドなどの見識ある資本家が、近代の企業は制御不能になる恐れがあり、自社に対する責任しか取らなくなっていると警告を発したのは、このためである。近年のスキャンダルを考えると、二人の先見の明には驚くばかりだ。カール・マルクスはさらに容赦なく、「ひとりの資本家が多数の人を殺す」と言っている。もちろん、資本主義が比較的健全な状態を保っている理由のひとつは、トップに集中しがちではあるものの、下層で生まれた新たな競争相手も取り込んでいることだ。これが、資本主義がこれまで、世界で最も成功した社会経済システムであり続けている理由である。一九二九年の大恐慌以降、最も深刻な危機にある現在においてすらも、資本主義に対抗できるようなライバルがいないことは興味深い。

にもかかわらず、資本主義が生み出す強大な構造と富が、日々の仕事から得られる経験を豊かにできるとは限らない。数十年前に（アップルやグーグル、オラクルはもうそれくらいになる）スタートアップを育て、大きな雇用を生んだシリコンバレーにおいても、資本主義の生態系は、現在ではまったく形を変えてしまっている。もちろん今でも多くのスタートアップがいるが、彼らは、グーグルやアップルなどのクライアントであることが多く、巨大企業による産業支配がさらに加速している。経済成長には周期的な性質があるとはいえ、現代においても組織は大規模化を目指し、仕事自体にも莫大な影響を及ぼしていると結論づけることができる。

もちろん、ベスレヘム・スチールやデュポン、タタ、ソニー、フォードの興隆は大規模化の象徴だったが、それは製造業に限った特徴ではない。大規模化は、ホワイトカラーの仕事の特徴でもある。チャーリー・チャップリンのあの素晴らしいサイレント映画『モダン・タイムス』の、ぎっしり並ばされた事務員たちを覚えているだろうか？　もっと最近では、日常を描いたコメディー番組の『ジ・オフィス』が、ホワイトカラーの労働者の疎外感をコミカルにとらえている。サービス業務においても、大規模化は近年の特徴だ。コールセンターを訪ねてみれば、その証拠をたっぷりと見ることができる。

大規模化によって生じる問題の最たるものは、言うまでもなく、組織を複雑な階層型に育て、官僚的な管理システムを普及させてしまうことだ。一方では、これによって個人の違いの表明が阻害され（第1章で考察済み）、他方では、イノベーションや創造性を奪うような、悪い影響を及ぼすルールが設けられている（第6章で発展させるテーマ）。

仕事に意義を見出せなくなる二つ目の理由もやはり、大規模化に関係がある。広範な「分業」だ。仕事をより簡単に測定・管理できる要素に分解することによって、分業は生まれる。こうして分けられた個々の仕事をつなぎ合わせて、どんな製品やサービスになるかを知ることは、ますます困難になっている。仕事の細分化を促進する力に対抗しようと、現代の企業は多くの試みを行ってきた。さまざまなジョブ・ローテーションや、職務の充実、社員のエンゲージメント戦略などだ。しかし結果は、部分的に成功、部分的に失敗といったところだ。イギリスの産業社会学でよく知られた一節から工場労働者の言葉を引用しよう。「うんざりするような単調な仕事から、別のうんざりするような汚れる単調な仕事に異動する。どういうわけか、そこから『充実感』を得られるはずだということになっている。しかし、私は『充実』などまったく感じていない。ただくたくたに疲れただけだ[5]」

　三つ目は分業に関係するもので、「時間差」によって生じる問題だ。小さなゲストハウスや街角の店では、自分の努力が顧客に影響を与えるさまを、直接その場で体験することができる。しかし、例えば大規模でグローバルな製薬会社では、個々の仕事を顧客体験に結びつけることは、非常に難しい。誰かが複雑な化合物の生成に取り組んだとして、それが使用に堪える製品になるのは、およそ七年後だからだ。この現象は、現代における抽象的でときに風変わりな肩書きの名前にも反映されている。新しい知り合いに何の仕事をしているか尋ねてみよう。あなたの目の前に広がっているのは地雷原だ。「リーダーシップ&ラーニング戦略エンゲージメント・アドバイザー」や「マトリックス戦略システムインテグレーター」とは、ずばりどんな仕事なんだろうか？　こうした肩書きを聞くと、私たちは当惑して頭を横に振ってしまう。そして、その人が実際に何をつくっているのか、何をしているのか、その仕事は消費者や顧客にどのように関わっているのかと、不思議に思うのだ。

「顧客に会おうキャンペーン」を行ったり、社長が週に一日は作業現場で過ごすという約束をしたりして、（時間差が生んだ）分断の病理に対応しようとする組織もある。こうした試みのほとんどは失敗する。誰もがあまりに忙しいため、結局は放り出してしまうのだ。考えてみてほしい。あなたの組織で常に顧客に会っているという人は、いったい何人いるだろうか？

なぜ仕事に意義を見出せるのか？

しかし、おそらく私たちは悲観的になりすぎているのだろう。確かに分断を生む強い力は存在する。しかし、自分の存在に満足している人間の中核には仕事があるという考え方を、私たちは今も強く信じている。また、お先真っ暗な状況からでも、人間は驚くほど創造的に意義や喜びを掴み取れることも、私たちは知っている。二〇世紀中盤のアメリカの産業人類学者ドナルド・ロイは、シカゴの機械工場職人の研究を行った。[6] 彼は、工場労働者に参与観察手法を初めて採用した学者のひとりである。職人たちは、行き過ぎたテイラー・システムと出来高払いの賃金という最悪の条件に縛られていた。ここでは、創造性と意義について将来の見込みなどまったくない。それでも職人たちは、とてつもない工夫をして出来高払いのシステムを崩し、慎重につくり上げられたテイラー・システムによる計画に従わずに物づくりを行う、新しい方法を見つけていた。驚くことに、タイム・マネジメントも自分たちで行っていた。ロイが書いた論文の中で最も面白く洞察に満ちたもののひとつに、「バナナ・タイム」と呼ばれているものがある。[7] 労働者たちは、暇をつぶし、それに意味を持たせるために、フルーツを食べるという儀式を利用していた。論文は、その方法を記録したものだ。興味深いことに、ハンガリーの社会学者ミクロス・ハラスティの著作『労働者の国の労働者（*Worker in a Worker's State*）』に、これとほとんど一致する例がある（先述のとおり、レーニンはフレデリック・ウィンズロー・テイラーを心から崇拝していた）。[8]

今では、たとえ裁量が少ない仕事に従事している社員も、かなりクリエイティブになることができるという証拠を、あちらこちらで見ることができる。人がどんなものに意義を感じるかについて、その幅広さに驚くだろう。魚をさばいて内臓を抜く仕事は通常、最も人気のない仕事のひとつだ。しかし、スタッズ・ターケルが自らの著書『仕事（ワーキング）！』（晶文社）の中で披露しているのは、ある労働者が内臓を指して「ベルベットのような感触だ」という素晴らしい表現をする様子だ。何に意義があるかについて、自分の思い込みを他者に押しつけるのは危険なのだ。グラスに完璧にビールを注ぐことにはっきりとした誇りを持っているバーのスタッフ、細部にまで気を配ってカプチーノを入れるバリスタ、乗客を数字として扱うことを拒む航空会社のチェックインスタッフ。彼らひとりひとりが、自らの役割に範囲があるからといって仕事に制限を受けたくはないと、断固とした態度をとっている。賢い組織であれば、すでにこのような社員の潜在能力に気づき、自己表現を広く認めるように仕事を設計しているはずだ。ルールと価値観の相対的な重要性や、セルフガバナンス（自己統治）の可能性についてダヴ・シードマンが近年の著書で述べたとおり、社員のやる気を盛り立てるには、彼らを自由にする必要があるのかもしれない[9]。

バークレイズ・グループの決済サービス部門であるバークレイズカードは、多くの大規模なコールセンターを運営している。ここでは、顧客の個別の状況に沿って対応することで、社員が優れたサービスを提供できるようにするために、「マジック・モーメント（魔法の瞬間）」という仕組みが導入されている。マジック・モーメントは、顧客と感情的なつながりを構築できるように、小さな親切の実行で顧客を喜ばせることができる裁量を社員に与えている。例えば、パートナーが難産の末に子供を産んだばかりなので、支払いが遅れることを説明するために電話をしてきた顧客がいるとしよう。社員は、支払猶予の期間を顧客に与え、さらに花束や小さなギフトを新しく母になった人に贈ることができる。この仕組みは、予算が比較的少額ですむことも含めて、素敵なアイデアだ。当初、社員はこの「モーメント」をなかなか使いたがらなかった。上からの処分や、予算を超えてしまうことを恐れてのことだ。コールセンターの社員がこの仕組みを使う資格が自分たちにあると感じ、カルチャーができあがるには、熟練したリーダーシップが必要だった。

仕事の意義は、私たちが「三つのC」と呼ぶものから見出すこともできる。三つのCとは、つながり（Connection）、コミュニティ（Community）、理念（Cause）だ。社員は、自分の仕事が他の同僚の仕事とどうつながっているのかを知る必要がある（特に、縦割り組織が連携を妨げている場合には）。さらに、帰属意識を育ててくれるような職場を必要としている（モバイルの世界ではどんどん難しくなっている）。そして、自分の仕事が、長期的な目標に貢献しているかを知りたがっている（四半期ごとの業績報告が求められている場合にはこれが不確かになる）。こうした課題の対処を怠ると、社員を「巻き込もう」とする取り組みも、よくてせいぜい一時的な改善を生むだけの結果となる。

私たちが知っている職場で、この三つのCのすべてを体現するのが、前の章で触れた、ロンドンにあるハウス・オブ・セントバーナバス（HｏSB）だ。HｏSBは、ロンドンのホームレスの就労支援を行う、非営利の会員制ソーシャルクラブである。つまり、意義ある仕事は、組織のDNAに組み込まれているも同然だ。CEOのサンドラ・シェンブリはかつて、自分にとって意義ある仕事は何かを探し求めていた。「私は、単に『自分にその仕事ができるか？』

だけにとどまらず、それ以上のものを探していました。変化をもたらす可能性のある場所を探していました。ＨｏＳＢがそれを提供してくれたのです。（ここでの仕事は）実に魅力にあふれています」

では、つながり、コミュニティ、理念は、それぞれがどのように機能して、人の仕事に意義を吹き込むのかを見ていこう。

つながりから意義を見出す

意義は、自分がしている仕事からのみ生まれるものではない。つながりが重要だ。他者との関係性を含む「つながる」という言葉を、ここで使うのには意味がある。仕事の意義について行われた代表的な研究の多くは、極めて個人主義的な視点に基づいたものだ。この視点だと、個人と仕事の間の結びつきという観点に基づく「満足度のスコア」で終わってしまう。ほとんどの仕事は社会的関係の中に位置づけられる。つながりを意識することは、社会的関係の中の結びつきを見るということだ。

つながりが生まれ、個人が関係性から意義を得ることができたとしても、それで組織の目的に建設的な貢献ができるとは限らない。例えば、営業チームが結束を固める動機や、製造部門への不信感と本社軽視の姿勢をチーム全体が持っているから、という場合もある。縦割りのメンタリティは、残念ながらこうした組織の多くで非常によく目にする。

縦割りの問題は、昔からあるものだ。実際、私たちがこの本のために組織を研究していて衝撃を受けたのは、縦割りのメンタリティが深く染み込んでいる組織があり、これを原因とする問題が、どれほど多く残っているかということだ。あまりにも多いのが、研究と開発の間、コンプライアンスと営業の間、営業とマーケティングの間に横たわっているものが、いまだに不信感や派閥抗争であり、当然のことながら組織として最善の成果を出せていないことだ。私たちは、製薬会社の内部や、大手金融機関の営業部門と事務管理部門の間で続く緊張感の中で、この問題が作用しているのを見かけた。まさにこの本の執筆中に、タイム・ワーナーの未来がまたも不確実になった。近年の不振の根本的な問題は、多様な事業間のシナジーを十分に活用できなかったことである。こうした問題の解決は本当に難しい。その中心には、「強いチームをつくるときには、チーム外の他者を排除しても良い」という、チームビルディングの迷信がある。したがって、強いチームをつくるときには、隣接する部門やより大きな組織とのつながりを構築することも、リーダーの責務になる。

私たちがこの例に遭遇したのは、マレーシアで、市場変化の激しい消費財を扱う企業に勤める、ひとりの有望な営業マネジャーとともに仕事をしたときだった。彼女は、新興市場に特有の、成功に強い意欲を示す若きエグゼクティブの典型だった。あっという間にチームビルディングの技術を身につけ、時間をかけてチームメンバーの心をつかんだ。わずか数年後、自分がつくったチームスピリットのせいで、マーケティング部門とサプライチェーン管理部門の両方と、適切な関係を結べなくなっているということに、彼女は気づき始めた。この問題は、組織のレベルでは、「他者を非難しがちなカルチャー」という形で表に出ていた。問題は必ず他の誰かのミスだというものだ。彼女は私にこう言った。「私はチームビルディングに心血を注ぎました。それ自体は本当に楽しかった。ですが、組織の本当の問題は何かということに、目を向けられていなかったと今になって気がついたのです。全体をどう縫い合わせて統合するかについて、私はもっと考えるべきでした」

複雑なマトリックス構造の出現は、縦割りのメンタリティに対処するひとつの方法だった。第2章で論じたとおり、マトリックス構造は、高い能力と専門性を持つ社員が増えている、複雑な知識集約型の企業でよく見られる。こうした労働者が主に力を注ぐポイントは自分の狭い専門領域であり、潜在的には彼らから大きな付加価値が生まれることが多い。別の本で私たちは、このような人たちを「賢者たち」と呼んでいる。彼らは頭がよく、才能に恵まれ、モチベーションが高い。一方で、扱いが難しい人たちでもある。彼らは、自分のことで頭が一杯で、(否定的な)フィードバックに抵抗を示し、極めて個人主義的な人間にもなりうる。彼らがアイデンティティを感じるのは、組織ではなく、主として自分の職業である。したがって、彼らは社外との充実したネットワークを持ち、潜在的に流動性が高い。現代の企業でこうした人たちが増えていることが、組織内で、意義のある長期的な関係を構築し、維持することが難しいもうひとつの理由になっている。

例えば、サプライヤーや顧客とも、これまでとは異なるタイプのつながりを結ぶことができる。イギリスの食品小売業ウェイトローズのバイヤーたちは、サプライヤーと長期的なつながりを構築することによって、意義を引き出している。ある上級食品バイヤーはこのように語った。「私たちは、サプライヤーと敬意に基づく関係を結んでいます。私たちは彼らに高い基準を要求し、彼らも私たちに高い基準を要求する。しかし、時間の経過とともに、私は彼らをまるで親戚のように扱っていることに気づいたのです。私はわざわざ無理をしてでも彼らを助けますし、彼らも同じことをしてくれると思いたいのです」

コミュニティから意義を見出す

共同体意識や、組織への所属意識から、意義を見出すことはできる。さらには、仕事そのものの中に意義を覚えることもできる。しかし、働き方やキャリアプランの変化によって、組織や仕事から意義を見出しづらくなっている。特に、従来に比べて人がキャリアを積む期間は年を経るごとに短くなっており、流動性が増している。数年前、チャールズ・ハンディがこうした変化を面白い計算式にまとめた。[10] ハンディは、一九五〇年代以降の典型的な企業キャリアは「三つの四七」で構成されていると説明した。週四七時間労働、年四七週、勤続四七年である。これを掛け合わせると、生涯で雇用されている時間が一〇万時間となる。しかも、これまでは生涯ただひとつの組織で、これだけの時間を過ごすことが多かった。エクソンやＩＢＭ、ユニリーバ、ソニーといった組織は、終身雇用の「企業人（男）」だらけだった（当時の女性はこうしたキャリアに必要な継続性を保つことがほとんど不可能だった）。

ハンディの主張によると、雇用されるという形態のキャリアは、二〇世紀の最後の数十年に短くなって五万時間に近づき、流動性も増した。この変化は、さまざまな社会経済的変化の結果として生まれている。その原因として、雇用者が柔軟性を求めたこと、教育期間の長期化、被雇用者のワークライフバランスへの期待などが挙げられる。単純計算では、「三つの三七（三七×三七×三七）」で五万時間になる。時間に追われるエグゼクティブや専門職であれば、一般的に週六〇時間労働、年五〇週、勤続一七年で五万時間に達する。この公式は、高学歴の労働者層にますます当てはまるようになるだろう。二八歳に仕事を始めれば、四〇代半ばまでには個人のキャリアの成功・不成功がはっきりするということだ。

さらに、この一七年間のうちに、個人が複数の組織を渡り歩くことも珍しくはない。実際、キャリアのパターンは、ひとつの企業の階層構造を、四七年かけて堅実にジョギングで通り抜ける形から、いくつかの組織を集中的な短距離走で駆け抜ける形に移ってきた。ハンディの予測以降、このパターンが強化されたと言ってもいいだろう。マッキンゼーで三年勤めた極めて有能なＭＢＡ学生をめぐって、企業が争うことはよくある。そして企業は、その学生を獲得できても三年捕まえておけたら良いほうだと知っている。しかしその人材は、短い期間でも極めて高い水準の業績をあげ、企業に利益をもたらしてくれる可能性が高い。こうした人材は、違いを生み出すことができるからだ。

こうした対照的な雇用パターンにはそれぞれ賛否両論があるが、現代の、短期で流動性が高いパターンによって、明らかに、組織に長期的な愛着を抱かせることが難しくなっている。古いキャリアでは経験に継続性があり、綿密につくられた階層構造をゆっくりと登ることで、個人にとっての意義が生まれていた。「三つの四七」は、結束と忠誠心を生む貴重な源泉であり、「組織人」をつくり出す土台だった。社会評論家のリチャード・セネットは、著書『それでも新資本主義についていくか』（ダイヤモンド社）の中で、この「柔軟な」資本主義という新しい形態は、労働者にとっても社会にとっても重大なマイナスの帰結を生むと論じている。そしてセネットは、穏やかでないが説得力のある意見で締めくくった。「人間が互いを大切にすることに深い理由を与えない体制は、その正当性を長く維持することはできない[11]」。ここから見えてくる課題は、「短い集中的な雇用の間に強い一体感をいかにしてつくるか」ということだ。

もちろん現実には、多くの組織で、新しいパターンと古い遺産が混在している状態である。したがって、まだ「三つの四七」のパターンに近い年配社員が、流動性の高い若手の同僚の隣で働いていることも珍しくはない。

年配の企業忠臣たちと、若手で流動性の高い「人材」の間には、急増しているパートタイム社員の一団がいる。ハンディは元々、この（当時はまだ）圧倒的に女性が多かったパートタイム労働者について、週二五時間労働、年二五週、勤続五〇年以上という式で表現した。もちろん、こうしたパートタイム制で賃金が低く、多くの場合女性だった社員が、リタイアできるほど裕福になれないということが問題である！　現代の労働市場では、このパターンをさらに極端な形態に発展させたものを見ることができる。「ゼロ時間」契約の劇的な拡大を見てほしい。例えばイギリス経済では、ここ数年の間に、小売りやホテル、外食産業など、特定のセクターで普及してきた。事実上、社員を「仕事の呼び出しに備えて待機」させながら、何も仕事を提供しないことが雇用者に許されているシステムだ。計算のベースとなる時間すら断片化させておきながら、団結した意義のあるチームをつくるなど、ましてや企業コミュニティづくりなど、あまりにも無理な要求だ。

たとえ六〇時間×五〇週×一七年のパターンで働いている人でも、実際には人生の途中でリタイアしない可能性があるということには言及しておく価値があろう。製薬業界の進歩は、人間が以前より長生きする可能性が高くなったことを意味する。年金制度は深刻な問題に直面しており、私たちは皆、想定していたよりも長く働くことになるだろう。問題は、もちろん、キャリアの「余り」の期間が長くなるということだ。つまり、キャリアの頂点に達した後に、残された就労年月が長くなる。人事の専門家はここのところ、キャリアのピークが来るのが早くなっていると論じている。もしそうだとすれば、単純計算でも、その後に必ず何かが来るはずだ。つまり、横ばいの期間が長くなるだろうということだ。そこにとどまることができればの話だが。この事実からは、目新しさやモチベーションが不足する可能性がなんとなく見えてくるが、実際に推測することは難しい。どう少なく見積もっても、意義の源泉は失われるだろう。

こうした雇用パターンの変化のすべてがからみ合い、職場で連帯感を持つことをさらに難しくしている。しかし、これよりも幅広い議論がある。西欧諸国では、どこにも所属しない人が増えてきている、というものだ。というのも、私たちが一体感を持つための拠りどころとしていたもの、すなわち宗教や階級、政党などが、すべて以前より弱体化しているからだ。核家族という抑圧された状況で私たちの孤立がさらに深まるという、かなり悲観的な結論もある。心の健康を維持する処方箋は、ほぼない。

しかし、私たちが望むのは、どのような種類のコミュニティなのだろうか？　これは、知性の限界を問うレベルの難問だ。コミュニティの概念は、仕事や社会について考えるとき、私たちの頭に浮かぶ多くの物事の中心にある。それにもかかわらず、現代の社会科学で最もとらえどころがないもののひとつである。問題のひとつは、この言葉があらゆる分野で使われていることだ。現代政治の用語に耳を傾けてみよう。コミュニティ・スクール、コミュニティ・ホスピタル、コミュニティ・スポーツクラブなど、枚挙にいとまがない。言葉というものは、あちこちで使われてしまうと、本当の意味がどんどんわからなくなっていくものだ。コミュニティが二種類の関係性で構成されていることは、前の章で論じた。[12] ひとつは「社交性」だ。情動的要素を持つ、特別な役に立たない関係のことである。もっとくだけた言い方をすれば、「友情」と呼ぶこともあるだろう。しかし、友情はもちろん最も普遍的な人間関係なのだが、私たちの理解が最も及んでいない関係でもある。

ここで少しだけ、あなた自身の友情のネットワークについて考えてみよう。旧友、新しい友達、男友達、女友達、スポーツの友人、職場の友人、教会の友人、政治的信条を共にする友人、酒場の友人……。友情というものは少々ややこしいが、コミュニティには欠かすことのできない要素だと感じるだろう。私たちは、「社交が職場に復活する」という予測を立てたいと思う。共同作業がほとんどなくなった組織は、皆で使うコーヒーコーナーや食事場所を復活させることになるだろう。かつてはこうした場所があったことで、職場の人付き合いが円滑になったものだ。[13] 職場に高いレベルの社交性があればそれが刺激となり、互いにアイデアのキャッチボールをすることで創造性を発揮するようになる。人は友達と働くのが好きなので仕事が楽しくなり、好きな人を支えたいという思いからもっと努力するようになる。

コミュニティで見られる二つ目の社会的関係を、私たちは「連帯」と名づけている。こちらは、利害の共有という強い感覚に基づく、機能的な関係である。ある人が非常に仕事ができて、組織の成功に欠かすことができないと認識するとき、別にその人を好きになる必要はない。時が経っても存在し続ける社交性とは違って、連帯は偶発的で、断続的だ。すなわち、共通の利害を認識したその瞬間に生まれるものである。職場では、高いレベルの連帯は、私たちを一点に集中させ、素早く行動する能力を与え、苦痛も平等だという意識をしっかりと育ててくれる。すなわち、負けるときは全員が負け、ということだ。

社交性と連帯のどちらのレベルも高ければ、その組織のカルチャーを「共同体的である」と評することができる。アップルやグーグル、ヴァージン、アイランド・レコードや、多くの小さな家族経営の会社を思い浮かべてほしい。社員の仕事に対する情熱や、高い水準の忠誠心、物事にこだわる傾向などが、こうした企業のカルチャーの特徴である。ワークがライフで、ライフがワークだ。カルチャーは、意義を与えてくれる重要な源泉である。

逆に、社交性と連帯のどちらのレベルも低い組織を考えてみよう。一流のビジネススクールのような、エリートの学術機関がこれに含まれるだろう。アメリカのトップクラスのビジネススクールの教授たちにインタビューしたとき、彼らは、本質的には「ひとりになるために仕事に行く」ということを述べた。ただし、スタンフォードやハーバードでは、共同体意識がまったくないというわけではない。メンバーにエリートの地位や評判を授けることによって、意義を与えているからだ。

そして、人類全体が向き合うべき大きな問題は、インターネットの急激な拡大と、それが人々をデジタルで結びつける能力を、どのようにして理解するかである。オンライン・コミュニティの成長は、伝統的なコミュニティの衰退を補ってあまりあると、これまで多くの人が論じている。この点について私たちは、頑ななまでに不可知論者のスタンスを取る。ただ、オンライン・コミュニティの有効性については、以下のやや懐疑的な考えを提起しておこうと思う。人が集まっているところで、ネットを介した出会いを試したことがあるかを尋ねたら、次のような反応があるだろう。男性は一般的に、もちろんそんな必要などないということを示すために、固く腕組みをする。一方で女性は、勇敢な数人が手を挙げるだろう。そこで私たちは、ネットの出会いの問題点と課題を探し始める。一言で言えば、将来のパートナーになるかもしれない人には、普通は会わなければならないということだ。お互いを「じろじろと」見て、微笑んだり、しかめっ面を浮かべたりするといったことを、しないわけにはいかないのだ。

私たちのシンプルな論点はこうだ。私たち人間は、面と向かってのコミュニケーションを求めるように、生まれたときから脳に組み込まれている。フェイスブックを取材したテレビのドキュメンタリー番組があったが、皮肉なことにマーク・ザッカーバーグでさえも、本社におけるマネジメントは、顔と顔を突き合わせることに重点を置いていた。これはかつて「歩き回るマネジメント」と呼ばれていたものだ。[14] また、同様に正しいのは、デジタルワールドがシンシナティの植物の種の交換会や、シアトルの切手収集家たちのような「同じ興味を持つ人のコミュニティ」と呼ばれるものをつなげるのに長けているということだ。そのため治安機関は、インターネット上のやりとりを相当に注意深く追跡している。このような場でつながるのは、テロリストの組織かもしれないからだ。

大義のために働くことから意義を見出す

これまで、仕事によって他者や広くコミュニティ全体とつながっているという感覚が得られると、仕事はより意義深いものになると述べてきた。しかし、意義は、大義との一体感を持つことからも得られる。人というものは、そこに向かって努力すべき強力で包括的な目標がなければ、脱落してしまう恐れがある。仕事が大義になったとき、仕事の意義はさらに深まるだろう。ＢＭＷのエンジニアやニューヨーク生命の代理店がそうであったように。

ただし、こうした「大義」の話になると、リスク要素が存在することも、認めざるを得ない。私たちは、伝説的なゲームデザイナー、ウィル・ライトにインタビューをした。そのとき彼が言ったことは、自分が主に帰属していると感じる場所は、所属会社のエレクトロニック・アーツ（EA）ではなく、プロジェクトまたはそれに関連する大義だということだ。彼にとってそれは、過去には記録破りの「シム」シリーズであり、先駆的な「スポア」の開発である。インタビューで彼は、「あなたはエレクトロニック・アーツがすごいように言うが、私にとってはそんなに大した意味はない」とも語っている。ウィル・ライトはその後EAを去り、独立して新たな出発をした。社内で大義を保ち続けることは、個人の成長を後押しするのに似て、難しいことかもしれない。ただ、それをしなければ、最も優秀な人々は会社を去るか、経営者のことなど一顧だにしなくなるだろう。あるいは、経営者が見逃した人の潜在能力を、競合他社が開発してしまうかもしれない。実際に投資を行えば、組織にとってのスタッフの価値はさらに上がることになるだろう。

そこで、リーダーの役割は、「組織の中で」大義がどこから生まれているかを突き止めることになる。ニューヨーク生命の会長兼CEOであるテッド・マサスは、最近ブランド・ポジショニングの実習でリーダーを務めた。この結果、「会社は顧客を保護することで『人のため』になっている」と、社員がいかに強く「確信して」いるかが明らかになった。彼らの言葉を借りれば、「利益が最も重要なのではない」。彼らの理念は、配偶者が死亡した後にも、家を失うことなく、家族がそのまま一緒に暮らして、「未亡人がベランダに居続けられるように」することだ。

前章で論じたとおり、才能ある人材にとって、意義が生まれる源泉として「最も」重要なものは、共有された大義や目的である。スティーブ・ヴァーリーは、イギリスのアーンスト・アンド・ヤング（ＥＹ）の会長だ。会長就任一年目に記録的な利益と幹部報酬が報告された後、ヴァーリーは彼が初めて招集した会議の席で、上級パートナーたちにこう尋ねた。「報告はそれだけですか？」。彼はこの機会を使って、成長と社会変革の達成を目指すプロジェクトを始めようとしていた。この活動には「成長しながら、変化をもたらす」という名前がつけられていた。ヴァーリーは次のように考えていた。社会的でありながら事業に結びつく活動は、自社を差別化して、競争優位を確立するための重要な方法である。その結果として才能ある人材を引きつけ、勤め続けてもらうことができるだろう。興味深いのは、ＥＹが最近採択したグローバルなミッション「より良い社会の構築を目指して」もまったく同じテーマに合わせたものであり、イギリスとアイルランドを含む、ＥＹが事業を行う国のすべてでこの取り組みが始められたことだ。

こうした例から次のことが明らかになる。事業会社の意義深い目的を理解しようとしても、財務的または経済的な狭い基準をのみを通して見るなら、ポイントがつかめないということだ。例えば、過去三〇年近くにわたって企業で偶然耳にした電話の会話の内容は、次のようなものだった。

「帰るのが遅くなるよ。偏頭痛の治療薬に取り組んでいるところなんだ」
「まだ仕事中。U２のニューアルバムが明日発売なので」
「すまない、同僚がCEOにプレゼンをすることになっていて、僕が試算を手伝っているんだ」
「インスリンを東アフリカへ持っていく準備で、とても忙しいんだ」

それなのに、次のような会話は聞いたことがない。

「帰るのが遅くなるよ。今、株主価値を高めているところなんだ」

このシンプルな論点を、何度でも繰り返し言おう。最も利益を上げている企業が最も利益志向が強い「とは限らない」。ジャック・ウェルチやジム・コリンズ、ジェリー・ポラス、ジョン・ケイの著書を読んでみれば、常にパフォーマンスが高い組織を突き動かしているものは、例えば製品やサービス、品質、イノベーション、そして楽しみへのこだわりであり、そうしたものが、結果的に財務パフォーマンスを押し上げていることがわかるだろう。例えばケイは、ＩＣＩが成功していたのはその目的が化学だったときであり、ボーイングは優れた航空機を製造することに突き動かされているときであり、メルクは国民のための医薬品に集中していた時期だったと指摘している。その後にオーナーやリーダーが代わってからは、三社ともが利益や株主価値、成長を優先させ、どのケースもマイナスの結果を生んでいる。[15]

組織にできること

診断ツールの「あなたの仕事にはどれくらい意義があるか？」は、人が自分の仕事にどれほど意義があると考えているかを測るものである。

全体として、幹部たちの回答は、他の分野の診断に比べて最も前向きだった。裁量の大小にかかわらず、同じ傾向を示した。おそらく二つの理由が考えられる。ひとつ目は、仕事の意義を高めるために、それぞれの組織が大きな努力を払ってきたこと。二つ目は、どんなに先行きの見えない状況であっても意義を補おうとするのは、人間が持つ能力の証しであるということだ。[16]しかし、やらなければならないことはまだある。診断の設問は、リーダーと組織のどちらにも同じように、社員の仕事に意義を持たせる活動がまだある可能性を示している。ここで、いくつかの提案がある。

熱意を中心にしてまとまる

このタスクは、診断ツールの設問「私の仕事は、私にエネルギーと喜びを与えてくれる」とつながっている。熱意を中心にしてまとまるというのは、シンプルなように見えて実は複雑な考え方で、実行するのは難しい。元々の起源は、仕事における無政府主義的な理論だ。この理論では、階層構造やシステム、手順といったものは、職場で個人が自分を十分に表現しようとするのに邪魔になるものとして描かれている。ただし、この理論のすべてを受け入れなくても、熱意を中心として人は感情とつながり、感情は職場の主なエネルギー源であるという考えを認めることはできる。

これは、ルイ・ヴィトンのようにはっきりとわかりやすい例だけでなく、グラクソ・スミスクラインのような化学メーカーや、ＢＭＷのような高度なエンジニアリング企業にも同様に当てはまる。しかし、私たちが一緒に仕事をした幹部たちは、こんなふうに言うこともあった。「あなたがた二人はいいですね。製薬会社のような、クリエイティブな企業と仕事をしている

診断ツール

あなたの仕事には
どれくらい意義があるか？

1＝まったくそう思わない　2＝そう思わない　3＝どちらでもない
4＝そう思う　5＝とてもそう思う

- 私の仕事は、私にとって意義がある。

1　2　3　4　5

- 私の職務は、私にとって理にかなったものだ。

1　2　3　4　5

- 私の仕事は、私にエネルギーと喜びを与えてくれる。

1　2　3　4　5

- 私の仕事が他の皆の仕事とどのようにつながり合っているかを理解している。

1　2　3　4　5

- 誰の仕事もすべて必要なものだ。

1　2　3　4　5

- 職場には共通の大義がある。

1　2　3　4　5

1か2をつけた設問には、継続的な注意を払う必要がある。スコアの合計が18を下回ったら、組織生活の中でも特にこの診断分野に、改善の必要があることを示している。本当に改善するための時間を組織にどれくらい与えられるかを自問すること。

のだから。私は保険業だよ。私の仕事は退屈だよ」。私たちがどう切り返したかって？　「保険の本当の意味は何でしょう？　クリスマスに間に合うように屋根を修理し、洪水の被害を清算し、交通事故が起こったら送迎車を確保することでしょう。保険は本当にわくわくする仕事ですよ！」

次の例を考えてみよう。

●本書の著者のひとりは、学生時代から同じ銀行をずっと使っていた（正直な話、相当な長期間だ）。多くの顧客と同じように、彼も銀行の対応には不満だった。あまりにも不満を見せるので、彼のパートナーは文句を聞くのにうんざりして、口座を閉じるための用紙を彼に差し出したくらいだ。でも彼は激しく抵抗した。なぜかって？　「今はもう口座を動かすことができないんだ。Gさんをがっかりさせるわけにはいかないからね」だそうだ。銀行の過去のパフォーマンスがひどかったにもかかわらず、最近になって彼には顧客でい続ける格好の理由ができたのだ。そして、行員が新たにすっきりした様子で仕事に取り組んでいるように見えるのは、これと同じ理由ではないかと踏んでいる。Gさんは新しい支店長で、その役割に強い情熱と熱意を注ぎ込んでいる。彼女は支店をきれいに片づけ、昼食時にも出納係が必ず窓口にいるようにし、「特別な」顧客にはコーヒーを用意することも多いようだ。要するに、彼女は顧客体験を変えただけでなく、どうすればひとりひとりがパフォーマンスを改善できるかを示してみせることによって、行員が自分の仕事についてて感じていた意義までも変えてしまったのだ。この銀行に必要なのは、彼女のような人材一万人だ。

●イギリスのテレビに『ザ・クワイア』という番組がある。才能あふれる若き指揮者が職場のグループをほんの数週間預かって、しっかりとした合唱団に変えてしまうというものだ。この番組は、スリル満点のフィナーレで大詰めを迎える。今年登場した合唱団のひとつは、消防士のグループだった。彼らは技術的にはまだまだ改善の余地があるが、例えば銀行員などの他の多くの職業グループよりも、楽曲に気持ちを込めるという点でずっと優れていたと、指揮者は熱弁した。生命を救うという消防士の仕事が持つ意義深い性質によって、彼らは感情との調和を取るのがうまいと指揮者は締めくくった。

うまくいっている職場の特徴は、社員の感情や熱意とのつながりが豊かなことである。おそらく世界で最も偉大な合理主義哲学者であるデカルトは、世界を「合理的な精神」と「不合理的な身体」の二つに分けた。そして、情念の原因を身体の中に位置づけた。彼は間違っていたのだが、それは彼が愚かだったためではなく、脳と体の相互作用についてあまりよく知らなかったためだ。これについては、後に、現代の神経生理学が説明している。完全に合理的な人間は、感情的である。以下は、ロンドンオリンピックのボランティアたちを見て気づいたことだ（これについては最初に第1章で言及）。

彼らはオリンピックのあらゆる場所にいる。空港であなたを迎える。列車からの道順を教える。オリンピック・パークで案内する。ダニー・ボイルは彼らのことを、開会式の成功を左右する鍵だと考えていた。（略）彼らのアプローチは喜びだ。熱意を持って訪問者に話しかける。天気についてジョークを言う。役に立ち、礼儀正しい。自分がしていることを愛している。「どうぞ良い一日を」と言い、しかも心からそう思っている。（略）さらに、彼らの熱意は伝播する。正規の社員にも影響を及ぼしている。空港のスタッフの足取りも心なしか弾んでいる。警察官もにっこり微笑む。地下鉄の職員は、行き交う人々を手助けしたくてうずうずしている。屋台でテーブルを片づけている人々は、手を止めてご機嫌いかがと尋ねる。（略）もし企業がもっと組織的に熱意を利用してさらに気持ちを高めようとすれば、そして効率を最大化しようとやっきにならなければ、やる気を失うという問題は永遠に消え去るだろう。オリンピックのボランティアたちは、もうひとつの顧客体験とはどんなものなのかを暗示している。そしてそれはとてもエキサイティングなものに見える。[17]

感情はカプチーノに乗っている泡ではなく、本体のコーヒーのほうだ。リーダーの仕事は、仕事でわくわくすることは何なのかを突き止めて、それを他者に伝えることである。うまくやれば、エネルギーが急速に広まる。

ただ、つなげる

社員同士の仕事をつなげることについて、人事部門とＩＴ部門は、実に重要な役割を果たすことができる。戦略的な人事とは何か？　イノベーションと協力を生み出すような、組織横断的で地理的に多様なつながりの育成に携わることである、というのがひとつの考え方だ。このつながりとは、仕事の意義を高めるような種類のものだ（診断ツールの「私の職務は、私にとって理にかなったものだ」と「私の仕事が他の皆の仕事とどのようにつながり合っているかを理解している」の二つの設問が関連している）。

ＢＢＣは、先進的な番組を制作するときは、異なるジャンルや部門をひとつに混ぜる。そして、それが素晴らしい結果を生み出すことが時々ある。根底にある理論は、「創造的な衝突」

を促進するというものだ。二〇世紀に書かれたものの中でおそらく最も作品が多いジャンル、ＳＦ（空想科学小説）を考えてみよう。ＳＦは、アインシュタインの登場以降に、科学に関する著作物が爆発的に増えたことと、大衆小説の形式が衝突したことによって生まれた分野だ。

戦略的なＩＴシステムの構築もまた、豊かなコミュニケーションを可能にしている。しかもＩＴの場合は、しばしば広大な地理的空間を超える。ここで、オランダ最大の財務サービスプロバイダー、ラボバンク・グループの銀行部門である、ラボバンク・ネーデルランドについて検討してみよう。数年をかけた開発の後、ラボバンクは「ラボ・アンプラグド」という組織的・技術的インフラの運用を開始した。これは、銀行システムに必要とされる厳しい暗号化基準を満たしつつも、行員が事実上どこからでも、互いにつながることができるようにするものだ。ラボバンクの行員には、決まったオフィスや、融通の利かない職務記述書がない。そんなものはなくても、自分の仕事の結果に責任を負う。ただし、仕事をいつ、どこで、誰と、どのように実行するかは、自由に選択できる。このようなアプローチには、通常では考えられないレベルの信頼を、上司が部下に対して持つことが求められる。そして行員には、もっと起業家精神を持ち、協力的になることが求められる。

しかし、ある仕事を他の仕事につなげ、さらに全体の目的につなげることが簡単だと思ってはいけない。縦割りのメンタリティが驚くほど頑固だということが、身に染みてわかるだろう。

建築会社であるアラップのようなカルチャーであっても、極めて大きな問題になる可能性をはらんでいる。にもかかわらず、アラップはかなり以前から、境界を叩き壊す試みを慎重に進めてきた。アラップの副会長、トリストラム・カーフレイは、私たちに次のように語っている。

アラップ・アソシエイツには、およそ五〇年の歴史がある。建築家やエンジニア、積算士〔建築積算を専門に行うイギリスに特有の専門職〕、プロジェクトマネジャーが皆、同じ部屋にいるような会社だ。彼らは自ら、完全に一体としてのチームの一員となる。チームの状態は良くなったり、悪くなったり、浮き沈みが激しい。進むべき道から逸れないように、自我を集団の中に埋没させることを心から望み、伝統的な意味でのリーダーシップを振りかざさない人を見つけることは、驚くほど難しい。私自身もそういうチームの一員でいることはとても難しいと感じた。私はやや目立つタイプの構造エンジニアなので、いつ自分の意志をチームに押しつけていいだろうか、機械的あるいは建築学的な方向に偏ったソリューションではなく、構造的なソリューションへと向かわせていいだろうか、という気持ちと戦っていたからだ。こういうタイプの公平で協力的な相互依存は、本当に難しい。うまくいったときはものすごく報いられた気持ちになるし、うまくいかなければものすごいフラストレーションを感じる。

自分自身が持つ社会的要素を自覚する

仕事のコミュニティは多種多様だ。所属欲求を持っていることは全員に共通かもしれないが、どこに所属したいと願っているかはそれぞれ違うように思える。先ほど、社交性と連帯という二つの関係性を区別し、その相互作用によって異なるコミュニティが形成される様を見てきた。私たちが幹部たちに繰り返し提案しているのは、自らを社会の設計者として考えることだ。設計者の責任は、仕事の背景が多様であることを前提として（診断ツールの設問「誰の仕事もすべて必要なものだ」がこの暗黙の了解を反映している）、必ずうまくいくような一連の関係を構築することである。銀行と、ビジネススクール、専門コンサルティングファームでは、社会的な構造がそれぞれ異なる可能性が高い。つまり、技術や市場競争、労働市場、環境の変わりやすさ、国民文化など、多様な偶発的要素を考慮に入れなければならないということだ。

こうした多様な偶発的要素の中で、「社員の期待」が常に重要な部分を占めていることは明らかだ。彼らが望むものは何か？　どんなコミュニティに属したいと思っているのか？　アップルのような、あらゆるものが含まれ、こだわりが強く、ほとんどカルトのような性質のカルチャーは、一部の人には魅力的だが、他の人たちにとっては悪夢かもしれない。「ひとりになるために」仕事に行くと述べたビジネススクールの教授を覚えているだろうか？　アップルのこだわりのある人たちは、ビジネススクールでは同じくらい寂しいと感じるだろう。ユニリーバには、アイスクリームやヘアケアなどの各商品カテゴリーの世界全体の業績の責任を負う「グローバル・カテゴリー・マネジャー」というかなり重要な仕事がある。同社はこのポジションを埋めるため、成績の良い市場から特に成功した幹部を引っ張って、このそびえたつ本社の地位に就くチャンスを提供しようと努めてきた。だが、うまくいかないことが多かった。幹部たちは生き馬の目を抜くような市場を、ネスレやプロクター・アンド・ギャンブル相手の日々の戦いを、恋しがったのだ。彼らにとって、本社は静かすぎるようだ！

大義を掲げる

社員に組織との一体感を十分に感じてもらいたければ、最高の自分で仕事に来てほしければ、彼らには大義という感覚が必要だ（この点は、診断ツールの設問「私の仕事は、私にとって意義がある」と「職場には共通の大義がある」に対応する）。アラップでは、フィリップ・ディリー会長が、同社の大義を次のように定義している。「株主という呪文を捨て去って、会社が何のために存在するのかを問い始めよう。（略）顧客の利益のためということは明らかだ。というのも、顧客がいなければ、会社は存在しないからだ」。ただし、ディリーは、この組織内で働く人々の利益のためでもあると言葉を続け、「世界の利益のためでもある。なぜなら、私たちとコミュニティとの結束はとても強いからだ」と語った。

トリストラム・カーフレイはさらにこう加えている。「より良い世界をつくることに夢中になる若い人が増えている。関心の焦点は会社の外にある。だが、それは顧客ではない。世界だ！」

明確さを増していくのは、大義を明らかにするということは、あなたを組織の境界線の外へ、より広いコミュニティへ、そしておそらく世界へと連れ出すかもしれないということだ。

第6章と第7章では、組織内に意義を見つけるという考え方を、さらに一歩進める。不必要な仕事や官僚主義で社員の信望を落とす愚かなルールをなくせば、最も優秀な労働者たちにとって組織がもっと魅力的なものになる。

▼リーダーがとるべきアクション▲

◆ **自分の動機（や何が有意義かという感覚）が他者と同じだとは思わない。**他者の能力や経験についてはよく知っていることも多いだろう。履歴書にはこの手の情報がぎっしり詰め込まれている。しかし、他者の動機や目標については、どれだけ知っていると言えるだろうか？「自分の経験が多くの人のためになる」と思うこと自体がズレている。きちんとした情報がなければ、他者の動機が自分の動機と似たようなものだと考えてしまうことが多い。しかし、そうではないと圧倒的な数の証拠が言っている！　動機はさまざまだ。他者の動機を理解しないで、その人にとって何が意義あることなのかを測るのは難しい。認められること？　関係？　安全？　自己実現？　権力と影響の行使？　優れたリーダーは、他者の動機とそれがどのように変わりうるかについて、あざやかな絵を描く。

◆ **意義あるものを見つけようと思ったら、さまざまな経験を取り入れ、居心地のよい場所から外へ足を踏み出すこと。**他のピースについて知らなければ、自分の組織を構成するピースをどうすればうまく組み合わせたり、つなげたりできるかを知ることは難しい。例えば、ＢＢＣのラジオ部門の長になったら、テレビとオンラインの両部門で存在感を示さなければならない。自分の本道からは逸れて、財務や人事、法務のサポートスタッフとつながりを持とう。そうすれば、あなたは組織のつながりをもっと強く感じられて、きっと驚くだろう。自分がつながればつながるほど、仕事がより意義深くなる。個人の努力が全体としての結果にどうつながるかが見えるようになるからだ。

◆ **あらゆる機会を使って、自分の組織の取り組みと成果を、広くコミュニティにつなげていく。**外からのメッセージを取り込むこと。組織の自己認識には気をつけなければならない。自分が広い社会にどんな影響を及ぼしているかを知ることには、意義がある。どれだけの数のスーパーマーケットやレストランが、地元のスタッフを雇用するよう配慮し、地元の製品をできるだけ使うようにしていることを表明しているか、考えてみよう。

◆ **組織が存在する理由を、明確でシンプルで覚えやすい方法で、繰り返し述べる。**実際、何のために存在するのだろう？　この問いへの答えを例証するような、成功物語や勇ましい失敗を活用しよう。大義によって、その大義を伝達することによって、意義はさらに強くなる。

◆

職場にコミュニティをつくる。スーパーマーケットの野菜果物部門にいようと、大企業の執行委員会にいようと、あなたには帰属と協力の意識をつくり出す機会が、いや義務がある。これは、簡単にできる。進んで他者を助け、共通の目標を明らかにするだけだ。

第6章

ルールはシンプルに

余計なものを減らし、透明性と公平性を高める

Simplify the Rules

Reducing the Clutter and Increasing Clarity and Fairness

本書を執筆するための調査中、人が理想の組織を描くときに現れるエネルギーと情熱に、私たちは圧倒されていた。その人たちの考えはとても野心的だった。「本物の組織はどのようなものであるべきか?」という問いについて、前向きな像をはっきりと描くことができていたのだ。ただし、本章のテーマについては例外だった。「夢の組織（DREAMS）」のひとつの原則である「シンプルなルール（S）」があらゆる職場で求められているのではないかと議論をすると、数々の苛立ちと不満が寄せられた。ある種の集団嫌悪のようだった。誰もがルールの泥沼で創造性を制限され、もっと本質的には、職務を適切に遂行できなかった経験がある。そのことにフラストレーションを感じていた。極めて意義深いのは、組織が頻繁に接する外側の人々、すなわち顧客や消費者、一般市民も、同じようにこのフラストレーションを感じたことがあるということだ。私たちは個人として、こちら側のニーズに驚くほど無関心なルール体系に縛られた、個性のない組織とやり取りせざるを得ないことがある。これは、甘んじて受けなければならない現代社会の特質だ。エネルギー企業や交通ネットワーク、通信企業、多くの国の公的機関など、関わらないわけにはいかない企業とやり取りをするときに、これが当てはまる。

私たちの友人、ペニーの経験について考えてみよう。彼女は最近、ある機器を修理してもらおうと電器店に出向いた。待たされてイライラするのを避けようと、まずは予約をした。時間通りに店に着くと、(1)案内係に「登録するために」列に並ぶように言われた。実際に登録されるまでに、一〇分並んだ。それから、(2)空いているテーブルで待つように指示をされ、そこに座ってさらに一〇分待った。そして、(3)技術者の対応を受けた。技術者は故障した機器を検査した後に、四五ポンドでスピーカーを交換できると言った。一時間ほどかかるらしい。ペニーはその間に用事をすませることにした。が、店を出る前に(4)注文と支払いの手続きをするスタッフが来るまで待つようにと言われた。手続きが完了するまでさらに待ち時間があり、その後も(5)レシートをもらうまでにさらに数分待った。

一時間後、ペニーは新しくなった機器を引き取りに戻って来た。もうおわかりだろう。技術者が交換機器を持ってくるまでに、残念ながら彼女はステップ(1)と(2)を繰り返さなければならなかった。これで終わったとしても、十分にイライラする話だが、嘆かわしいことに、これで終わりではなかった。翌朝、彼女は部品交換した新しい機器の別の箇所が機能していないことに気づく。この箇所のために彼女は店に電話し、また新たに予約を入れ、この長い物語のすべてをもう一度最初から繰り返すことになる。そして別の問題が発生してさらに翌日に持ち越され、彼女はまた店に行かなければならなくなった！　この問題の電子機器の店はどこかって？　アップルの小売店舗だ。この例は、「最新でかっこいい」と言われている企業であっても、官僚的な手続きの泥沼にはまってしまうことがあるということを示している。そして顧客は、「番号」のように扱われたと感じる。
ペニーは私たちに次のように語った。

店に入り、この手順が始まってしばらくは、とても手際の良い対応で、スタッフ全員がよく協調して動いているように見えた。けれども、常に待たされ、スタッフからスタッフへと引き渡されると、どんどんうんざりしてきて、最後にはあれこれ指示された挙句に、ありのままの私自身ではなく、彼らが望む顧客像という型にはめ込まれているような気分になったの。このシステムにどのような根拠があるのか、ある意味はっきりとわかった気がする。開店から閉店まで、顧客の数がとんでもなく多いのよ。それなのに、スタッフたちは、予約をした顧客と予約なしの顧客との間に差をつけていなかった。ひとつの顧客体験として、私は絶対優先してもらえていなかった！

本章では、物事を進めるために組織がどのように構築されているか、そのプロセスがどんなルールで規定されているかについて取り上げる。労働力をどう構築するかを考えようとすると、組織設計は必ず二つの根本的な課題に突き当たる。分割と統合だ。どのように分けるか？　そして、どのようにくっつけるのか？　注意しなければならないのは、組織には単純に「正しい」構造などないことだ。仕事の性質や技術、環境、規制などに応じて、その構造が適切か不適切かがあるだけだ。これらの影響要素が、組織がどれほど複雑になるかを決める。目指すべきは、複雑さを必要最低限に抑える会社になることだ。

しかし、この目標を達成できずに、気づけば複雑さの海を泳いでいるような組織はどうなるのだろうか？　そのような非効率さはどれくらいのコストに値するのだろうか？　『ヨーロピアン・ビジネス・レビュー』で発表された研究では、複雑さが企業の業績に与える影響が調査され、複雑さの増加と利益の減少の相関関係を算定するグローバル・シンプリシティ・インデックス（GSI）が開発されている。具体的に言うと、フォーブス・グローバル五〇〇の中のトップ二〇〇社は、複雑性を原因として、平均で年間利益の一〇・二％、または一年あたり一二億ドルを失っている。まさに、破壊的だ。これが積み重なって、二〇〇社合計としての損失は、驚くべきことに毎年二三七〇億ドルに上る。[1]

この研究においても、企業が成長して成功し、新たなマーケットに参入する際には、複雑さが必要悪であることも多いと認めている。一方で「新たな製品ラインや、企業買収の追加、組織内で管理者の層が一段増えることなど、複雑さが増しても、それに価値が比例しない転換点」があることも知っている。組織において、複雑で、高コストなものには何があるか？　戦略の変更または追加、六段以上ある複雑な階層構造、意思の疎通や連携だけでなくプロセスやシステムによって複雑性がさらに増すことなどだ。「なぜ」複雑であることによって、企業の利益が減ってしまうのか？　その理由には、不必要な資源や活動に支払いが発生してしまうこと、市場への対応が遅く鈍くなってしまうことが含まれる。さらに、私たちにとって重要なものとして、複雑さが「社員に」与える影響も含まれる。具体的に言うと、モチベーションを下げ（複雑になりすぎると、パフォーマンスも下がる）、時間を無駄にする（表面上忙しく見える仕事で社員の気が散り、消耗する）。ということは、不必要なルールをなくすことは、私たちの理想の組織とうまく一致する。こうした組織は物事をシンプルに保てるため、最も優秀な人々を引きつけられることになる。

この研究があるからといって、組織があらゆるルールを完全になくしてしまったほうがいいと提案しているわけではない。建築技師が手順や厳格な品質管理基準に従わなければ、建物は崩壊するだろう。組織には構造が必要だ。そして、市場や事業にはルールが必要だ。

また、すべてのルールが、公式に認められ、明文化されるべきだと提案しているわけでもない。組織では非公式のルールはいつも生まれるものであるし、公式なルールと同じくらい重要である。例えば、現代の先進社会で「女性は当社のトップから五〇位までの幹部職になることはできない」というルールを持つ組織などほとんどない。しかし、非公式なルールで、女性がこのレベルに達することを極めて困難にしている企業は数多くある。これは、ダイバーシティの取り組みがなかなか成功には至らない理由を、うまく説明している。

では、制限でなく権限を与えてくれていると社員が感じるようなルールに、共通の特徴はないだろうか？　別の言い方をすれば、どのようなルールであれば、「バカげている」ではなくて、「理にかなっている」と見てもらえるのだろうか？　人は一般的に、次のような要素を重要視する。

- 公平性——全員に公平に適用されている。
- 透明性——できる限りシンプルで明確だ。
- 裁量——自由裁量を適切に行使することができる。
- 合意——広く共有され、目的は明確である。
- 実行可能性——そのルールを守り、実施することが可能だ。
- 権限——権限の正しい行使に基づいている。

本物の組織は、物事をできるだけシンプルに保つ。組織を官僚化させることなく、システムとして機能するようなルールをつくる。組織がシステムとして機能するときには、社員はルールの目的を知っている。官僚化するときには、ルールが機能していないように見える。このようなルールは、事実上、自由を得るための必要条件となる。こうしたルールは、組織の長所を損なうのではなく、守るものだ。ハウス・オブ・セントバーナバスの会長デイビッド・エバンスは、私たちに次のように語った。

その違いは、信頼だ。信頼がないと、ルールの数が増える。私たちは人を雇うときには信頼を重視し、日常業務のあらゆる場面で信頼を強化しようとしている。しかし、時にはうまくいかず、がっかりすることもある。そんなときも、ただ受け入れなければならない。もしルールづくりに戻ってしまったら、もはやそれまで。枠組みの中でメンバーが色々と実験することを、受け入れるべきだ。

三つの大きなテーマについて述べたい。これらは、組織だけでなく社会をもうまく機能させる鍵となる。すなわち、権限、自由、公平性だ（前の箇条書きリストの六つの価値観から導いたものだ）。その後、あなたの組織のルールがシンプルかどうかを評価する診断ツールを提供する。そして、創造性とイノベーションを育て、才能ある人材を引きつけ、社員にできる限りうまく仕事をしてもらえるようなルールのつくり方を提案する。

まずは三つのテーマのうちのひとつ、「権限」について検討することから始めよう。これを最初に取り上げるのは、「ルールはどこから来るのか？」「そのルールは正当だと認識されているか？」という重要な問いの中核をなすポイントだからだ。

権限

私たちが現場で話を聞いた人々が組織のルールに求めていたものは、正当性だった。確かに組織の階層構造は近年かなりフラットになった。それでも組織はいまだに、社会学者のマックス・ウェーバーが「支配団体」と呼んだ形を残している。すなわち、根本的には、権力と権限の構造である。ウェーバーは、権限を「権力の正当な行使」と定義している。

ウェーバーは権限を三つの型に分けて区別した。ひとつ目は、例えば年齢や性別など、集団または個人の社会的特性に基づくものである。年齢は老人支配を生み、性別は父権制または母権制を生じさせる。彼はこれを、「伝統的支配」と呼んだ。二つ目は「カリスマ的支配」と呼ばれ、個人の特徴ある性質に基づくものだ。代表的な例はイエス・キリストで、カリスマ性のあるリーダーと評している。興味深いことに、現代の事業組織においては、私たちはこのタイプの権限に、ある意味取りつかれてしまったようだ。そして、最後の型をウェーバーは「合法的支配」と呼んだ。これは、緻密に役割や責任が規定された官僚制度を指す。

ウェーバーの研究の主なテーマは、特に官僚制度の発展を通して、現代社会がこの合理的な形態の権限に支配されているというものだ。現代の言葉では、官僚制度といえば、のろく非効率なものの代名詞とされがちだ。しかしウェーバーは、官僚制度の広がりは、むしろ効率を求めた結果として理解しようとした。それは、それぞれ個性を持つ人間の複雑さを、単純なカテゴリやプロセスにまとめようとするものだ。それゆえにウェーバーは、現代の世界は、合理化が進行し、「幻滅する社会になる」運命にあるという、やや憂鬱な結論に至っている。

ウェーバーの悲観論は、現代文学の中でも繰り返し表現されている。バルザックは官僚制度を「小人がふるう巨大な権力」と記述している。フランツ・カフカの小説も、理解できない官僚的構造の中にとらわれた個人の悲劇的な物語と解釈できる。理由がわからないまま裁判にかけられる話（『審判』）。施設に入ろうとするが、どうすれば入れるのかがわからないという話（『城』）。もっと近年で、少なくとも表面的にはさらにユーモラスに表現しているものとしては、ジョセフ・ヘラーの『キャッチ＝22』がある。

このような悲観論はあるものの、私たちの意見としては、組織は決して悲観論に沿う必要はない。組織は、権限という正当な基盤に頼ることができる。そこで、権限の別の型を示して、話を前に進めることにしよう。効率化ではなく、目的の正当性に基づく、道徳的権限だ。例えば、国際的エンジニアリング・コンサルティング会社の創設者であるオーヴ・アラップの大きな目標は、「人道主義的な」姿勢を推進することだった。この姿勢があれば、「大きくて効率的であっても、人間的で親しみやすい」組織をつくることができる。「指揮系統のコマや、官僚主義的な機械の部品としてメンバーを見なすのではなく、ひとりひとりの幸せが全員の関心事であり、手段ではなく目的として存在する人間として扱われる」[2]

アラップ・アソシエイツの根底にある哲学は、「優れた人材は、面白い仕事に引きつけられる。すなわち創造性を発揮でき、個人が成長できるチャンスに引きつけられる」である。「もし誰かが官僚的な形式主義や、自分があまり敬意を抱いていない誰かに厳しく監視されることに不満を募らせているのであれば、あるいは、もし自分の仕事に影響を及ぼし、かつ賛成できないかもしれない決定に、自分がほとんど影響力を持てないのであれば、その人は荷物をまとめて出ていくだろうし、そうすべきだ。だからこそ、才能あふれる人々の可能性を花開かせる組織をつくるのは、私たちの責任だ」とオーヴ・アラップは語っている。

この心揺さぶる演説から、学べることはいくつかある。ひとつ目は、個人を手段ではなく、目的として扱うという「人間性」へのこだわりだ。官僚制度が潜在的に人間性を奪うという結末を予想したウェーバーは、確かに正しかった。二つ目は、「官僚的な形式主義」が不必要に抑圧的な結果をもたらすと強調していることである。この点については、後で触れる。三つ目は、権力の座に就く人に無批判に従うべきではないという考え方をうまくとらえている点だ。

私たちには、権力者の権限が何に基づいているかを吟味する、道徳的な義務がある。リーダーに道徳的な責務があるのと同様に、それに従う部下にも同じ責務があるのだ。

自由

本書執筆のための調査中に回答者から寄せられた最も熱い訴えは、職場で自由を行使したいという願望だった。しかし、彼らはルールがない状態を望んでいるのではない。透明性と合意を求め、自由裁量が持てるようになることを期待しており、決して組織が無政府状態になることを求めているのではない。誰もがまるで、「必然を知ること」という、スピノザの謎めいた自由の定義を共有しているかのようだった。すなわち誰もが、組織を機能させるルールと、台無しにするルールの二種類があると認識しているのだ。

既に述べたように、アラップが組織の指針にしているのは、「良い人々」を求め、彼らに自らの才能を表現できる大きな余地を与えるということだ。アラップはこれまで懸命に自由を守ってきた。そして、管理手法を過剰に形式化したいという欲求に抗ってきた。

もっと最近の例として、ネットフリックスを挙げてみよう。一九九七年に設立された、動画配信サービスを提供する企業だ。驚異的なスピードで成長しているにもかかわらず、同社は社員のために自由の感覚を失わない努力を重ねてきた。この会社の人事管理の手法は、会社の利益を第一に考え、会社のDNAを理解している人を雇えば、社員はおのずと「正しいことをする」というものだ。ネットフリックスは、人事方針を文書化して社員に徹底することに時間とお金を使うことを意識して避けている。単に、そんなものはほとんどのスタッフにとって不要だから、というのが会社の見解だ。

例えば年俸制の社員も、休暇をどれだけ取るかを自由に決めることができる。上司と部下で互いになんとかやりくりするのだ。配られるのは、シンプルなガイドラインだけ。また、経理・財務関係の部署では、四半期末の繁忙期に不在にしないように、と書かれている。また、連続三〇日の休暇を取る場合には、人事部と面談する必要がある。出張や経費関係の方針についてもアプローチは似ており、「ネットフリックスの利益を最優先にして行動すること」と短い文で簡潔にまとめられている。つまり、会社のお金であっても身銭を切るような気持ちで使うことが期待されている。

全体的には、実際に社員たちはそのように行動しているようだ。責任ある行動を期待すれば、ほとんどの社員がそれに応える。勤務評価もなくなった。その代わりに、ネットフリックスの社員には、自分の業績について話し合う場を定期的に持つことが推奨されている。勤務評価がはらむ、形式的で、政治的で、不正直になるかもしれないというリスクは、しっかりと認識されている。しかし、業績に関するフィードバックを無視しているわけではない。同社は定期的に、三六〇度評価〔多方面の複数の人から評価を受ける人事手法〕を実施している。しかし、これもあえて非公式でシンプルなままにしてある。その社員が何を始めるべきか、やめるべきか、あるいは継続すべきかを同僚に尋ねるだけだ。このような正直さと自由を守ることによっても、良い結果が出ているようだ[3]。

別の企業や業界ではどうだろう。大成功を収めている中国企業ハイアールのＣＥＯ、張瑞敏《チャン・ルエミン》の言葉について考えてみよう。

今、ハイアールの社員に必要なことは、自力で決定を下せるようになること、そして自分が仕事をするにあたって、私の指図に従っているとは感じないようになることだと、考えている。老子は「大昔には、国民は支配者がいることすら知らなかった」と言っている。私はこの言葉を、部下にその存在が意識されていないリーダーこそが、本当に最も素晴らしいリーダーだ、という意味だととらえている[4]。

これとはまったく逆に、多くの組織の特徴となっているのが、知らず知らずのうちに「忍び寄るルール」だ。これは、ルールのいわば「毒気」にあてられていると社員が気づくまで、ルールが永遠に増え続けるように思える現象である。あまりにもルールが多いため、その時々でどのルールにも違反しないことなどほぼ不可能で、おそらく違反に気づいてすらいないという組織さえある。

　このプロセスを理解するため、アルビン・W・ゴールドナーの画期的な著書『産業における官僚制』[5]（ダイヤモンド社）における、古典的な社会学的分析を見てみよう。ゴールドナーは一九五〇年代の初期に石膏生産工場の調査を実施し、マックス・ウェーバーの官僚制度の台頭に関する研究を検証した。ゴールドナーは、ルールを三種類に分けて区別している。

　ひとつ目は、「処罰的ルール」。例えば、経費請求が不正であれば、懲罰を受けるだろうし、解雇されることもある。あるいは、日常的に遅刻していれば、制裁措置を受けるだろう。ゴールドナーは、洞察に満ちた認識により、こうしたルールが二つの方向に機能しうるとしている。経営陣が実行した場合には「懲戒手順」と呼び、労働者が実行した場合には「集団的な不満の申し立て」の形をとる。最も重要なのは、両者ともがこのルールを押しつけられたと見なしていることだ。

　二つ目は、ゴールドナーが「代表的ルール」と説明しているものだ。皆がこのルールを自分の側のルールだと考えている。例えば石膏工場では、経営側と労働組合の両方が安全計画を策定した。双方が、安全を推進することは自分の利益になると考えていた。経営者側にとってこのような安全規制は、生産の継続を保証するものだ。労働組合にとっては、個人的・身体的な福祉に高い価値を置いていることが反映されたルールである。

三つ目のルールは、ゴールドナーが「擬似的ルール」と評している。このルールには二つの形がある。ひとつ目は禁煙ルールだ。工場では保険会社によって課されたものだったので、労働者も経営陣も真面目に受け取っておらず、守らない人が多かった。二つ目の形は、もう少し悪質だ。適用されるかされないか、どちらの可能性もあるがゆえに、ルールそのものが力を持つことになる。どの企業でもよいが、「ノートパソコンを自宅に持ち帰ってはいけない」というルールを思い浮かべてほしい。強者にとって、すなわちルールを課す側にとっては、それを適用するか、選択的に不問に付すかは、自分側に選択権があると考えている。例えば、「今週はいい仕事をしたから、ノートパソコンを持って帰ってよい」がありうるのだ。つまり、「大目に見る」というパターンが生じる。お気に入りとされる一部の社員には、ルールがしばしば免除されるのだ。ルール増加の悪循環は、ここから始まる。なぜだかわかるだろう。「大目に見る」パターンを正そうと思えば、組織は新しいルールを策定することになるからだ。

ゴールドナーの分析からは、組織のルールが持つ性質について、基本的な疑問がいくつか提起される。ルールの目的は？　誰の利益のためか？　透明か（意見の一致を促進）、不透明か（「大目に見る」パターンの出現を促進）？　例えばうまくいっているベンチャー企業などでは、こうした疑問が特に重要だ。成長するにつれ、複雑なプロセスやルールが増えれば自社のカルチャーを損ねてしまうと創業者は考えるようになる。しかし、システム化が必ずしも官僚化をもたらすわけではない。社員が、そのルールが何のためにあるかを理解しており、正当なものとして見てさえいれば、そうはならないのである。

ベスタガード・フランドセンは、開発途上国向け防虫蚊帳の生産という社会的事業を行う新興ベンチャー企業で、ルール化について熱心に取り組んできた。そして、企業カルチャーを犠牲にすることなく、増加する業務を構造化できるように、行動規範の設定という手法を洗練させてきた。雇用（および解雇）の決定が簡単に下せるようになっているのは、意図的なものだ。各ポジションにつき、承認プロセスはその一段階上の上司に上げるだけでよい。また、地域ディレクターには、明確な期日と売上および収益の目標さえ守れば、その範囲内で大きな自由が与えられている。ナレッジマネジメントの仕組みとして、社員が互いにEメールではなくできるだけ電話をするように促し、Eメールで誰かにCCする場合は理由を説明するように設計されている。ベスタガードは、こうしたシンプルなルールを、創設時の価値を脅かすものとしてではなく、むしろ保護策として考えている。

似た例としては、メディカバーがある。一九九五年に設立された、中欧・東欧で事業を行う民間医療会社だ。この会社の成長は早く、現在は一二カ国で一万五〇〇〇人の従業員が働いている（主に医療専門家と熟練の技術者）。主な市場のポーランドでは、医療の民営化が進められており、市場の爆発的な成長が見込まれている。ベンチャーキャピタルがさまざまな企業に投資し、メディカバーは厳しい競争にさらされている。そのため、CEOのフレドリック・ラグマークは、自社のカルチャーが、彼の言う「競合他社で見られるような組織行動」とは明確に異なるよう、慎重に組織づくりを行ってきた。

有能な専門職社員になれる人材は非常に限られている。そういう人たちを引きつけて働き続けてもらうために、ラグマークは二方向からのアプローチを取った。ひとつは、一九九七年にメディカバー財団を設立し、これを通して幅広いプロボノ・プロジェクトの支援を行うようになった〔プロボノとは、専門家が自分の知識や職能を生かして参加する社会貢献活動〕。二〇一一年には別のチャリティー基金が大株主からの寄付によって設立され、メディカバーが営業活動を行うコミュニティ内で、糖尿病などのより広い健康問題に対応できるようになった。プロボノ活動では、社員は自分が参加する取り組みを自由に見つけることができる。

もうひとつの方法は、ラグマークが「運用の自由」と呼ぶカルチャーをじっくりと育てたことである。そもそもメディカバーに自然になじむ人を雇っていることもあるが、考えもなしに型にはめるということではない。例えば社員たちは、採用面接にあたってはラグマークが「本物の個性の違い」と呼ぶものを見つけろと言われ、入社後もその違いを職場で生かすようにと言われている（人々の違いを求め育てるという点において、本書の第1章と合致している）。ただし、組織の成長に合わせて、新しい種類の要求が必要になるという認識もある。例えば、財務や会計などの管理部門にいる社員には、協力的な行動をとることが推奨されている。一方で、メディカバー創設時の価値を守ることも全社員に求められている。

ここまでは、不必要な官僚制度を使わずに、適切なシステムを構築している「良い例」を挙げてきた。しかし、失敗した企業の例も多数ある。

たとえイノベーションのアイコン的なカルチャーであっても、失敗することがある。HP（ヒューレット・パッカード）は、例えば硬直した指揮系統を廃止し、凝った造りの幹部オフィスを廃止し、社員はファーストネームで呼び合うといった取り組みの結果、イノベーションを促進する企業カルチャーと高く評価された。しかし、一九八〇年代後半の全盛期にすでに、HPは官僚的な慣習に足を取られ始めていた。『ビジネスウィーク』誌の記事によると、当時、ひとりの部長が少なくとも三八の社内委員会に参加していたという。コンピューターソフトウェア「ニューウェーブ」の名前を決めるのに、七カ月近くの時間と、九つの委員会の一〇〇人もの人間を要した。会社全体においても、多種多様な運用グループ間の意思疎通を改善する目的で委員会がつくられたものの、乱立して複雑にからみ合った構造になってしまい、結果としてはコストを上げ、開発の速度を鈍らせただけだったそうだ。「オープンシステム」に移行しようとして、適切な技術と製品を選ぶために設立された委員会は「まるでウィルスのように増殖を続けた」。あるアナリストによると、「何をするにも委員会でなければならず、決断を下せる人は誰もいなかった[6]」。

本物の組織では、個人がルールを明確に把握しており、全体としてルールに同意している。他に例がないような状況には自由に対応する裁量も与えられている一方で、組織内で自由を表明する際には、必要な程度の制約があることも認識している。

このような組織の状態を望むことは、素直な要求であるように思われる。ただ、「増殖を続ける官僚体制」という敵は、まだ私たちのそばにいる。私たちは、マックス・ウェーバーが予想したぞっとするような人類の未来「自分でつくった鉄の檻に閉じ込められて（略）逃げ出すことができない」状況になってしまうと伝えようとしているのではない。しかし、イノベーションや創造性、自由裁量を押し進められるようなルールは簡単につくれる、という甘い考えは持たないほうがいいだろう。

公平性

人が夢の組織を思い浮かべるときには、公平なルールを求めている。職場における公平性については、すでに多くの研究がある。しかし、ここでは特定の二つの意味に絞ることにする。ひとつ目はすでに説明済みだが、ルールの目的が明確で、全体として同意できること。そして二つ目は、ルールを誰にでも平等に適用することだ。二〇一一年九月にニューヨークで始まり、アメリカ全土に広がった運動「ウォール街を占拠せよ（ＯＷＳ／Occupy Wall Street）」は、この感情が広く公に示されたものだ。ＯＷＳ運動は、アメリカ国内の収入格差や、金銭欲と腐敗を根源的に問うものだった。そして、企業の不正や金利決定などのプロセスを統制するルールを、あらゆる機関に平等に適用することを求めた。特に二〇〇七年から二〇〇八年にかけて表面化した世界的な金融危機で、大企業の責任がまったく問われていないというのが、広く一般の意見だ。

誰にも平等にルールを適用するという話になると、重要な注意点がいくつかある。平等の定義にも、明らかに文化による違いが多々存在するのだ。アメリカの社会学者であるタルコット・パーソンズは、普遍主義的な社会と個別主義的な社会の間に明確な線引きをした[7]。前者の社会では、ルールは誰にも平等に適用される。後者の社会では、ルールの適用が不平等であっても受け入れられやすい。例えば、現代のラテン文化の多くには、個別主義的な要素がかなり残っている。また、現代の中東も、確かに個別主義的な特徴を持っている。こうした現実にもかかわらず、グローバル化が進み、世界がつながったため、あらゆる機関が普遍主義的な基準で判断されるようになってきた。「アラブの春」という劇的な事件は、この傾向を立証している。

では、組織について考えてみよう。あらゆる人に適用されるルールには、どんな特徴があるだろう？　重要な手がかりは、特徴のある組織カルチャーから得ることができる。よく言われるとおり、カルチャーというものは元々は「声」から始まっている。そのため、私たちは組織カルチャーを分析する際、組織が自らについて語る物語に目を向ける。[8]

では、ここで人類学者になったつもりで、二つの物語について考えてみよう。とても有名なイギリスの小売店で、長年ヨーロッパで最も成功しているとされてきた企業の話だ。ひとつ目には、かなり有能なマーケターが登場する。ただ残念なことに、彼は酒癖が悪かった。あるとき、前日深夜まで大酒を飲んだ彼が、翌朝オフィスに着いたときにはすでに一〇時になっていた。エレベーターに乗ると、その後から会長が乗ってきた。会長はとげとげしい声で「また遅刻か？」と言った。この賢いマーケターは「ははは、私もです」と答えた。

次は、二つ目の話だ。このマーケターの所属は、会社全体の新しい製品ラインの売上を監視する部門だ。一日の終わりに会長がこの部門に来て売上をチェックするのが、この組織のならわしのようになっていた。たまたまその日、会長は少し早めに会社を出なければならなかった。彼は新製品ラインのオフィスを訪れ、マーケターに売上について報告を求めた。マーケターはきちんと詳しい報告をした。その日の遅くになって、少し上の空になっていた会長は、新製品の売上チェックを忘れたと思い込んでしまった。そこで、翌朝早く出社した。賢いマーケターは、たまたまそのときは時間どおり出社していた。会長は、新製品ラインの売上について報告するよう彼に求めた。マーケターは少し考え込んでから、正直にこう答えた。「すべての店舗が、何もない静かな夜だったと報告しています」

この二つの話は、この組織のカルチャーについて、そしてルールの構造について、何を教えてくれるだろうか？　ひとつ目は、ルールが平等に全員に適用されているということ。マーケターが遅刻なら、会長も遅刻だ。二つ目は上級管理職から指示を受けたら、それに従って行動しなければならないということだ。

この話は二つとも、数年前のマークス&スペンサーで起こったことだ。リーズに移住してきた二人のユダヤ人が元々は露店として設立した、イギリスの百貨店である。そのカルチャーは、ユダヤ人の家族をほうふつとさせる。特徴は、ルールの体系だ。全員に平等に適用され、権限のある人には高いレベルの敬意を示す。ルールには目的があり、例外なく適用されるため、公平であると見なされている。また、権限に基づく関係は、正当であると見なされている。ユダヤ人の両親がユダヤの安息日には家にいるようにと命じる権利があるように、会長には新しい製品ラインについて質問する権利があるのだ。

もう少し最近では、あのご立派なイギリスの法人（であり、グローバルなブランド）であるBBCが、一連のスキャンダルで大打撃を受けた。非公式なルールが、明らかに不公平かつ害のある方法で適用されていたのだ。ひとつ目は、BBCの娯楽番組の元司会者であるジミー・サビルが児童に対して性的暴行をしていたという、極めて深刻な告発があったことだ。このスキャンダルの規模の大きさと異常性は、衝撃を与えた。しかし、BBCを揺り動かしたのは、スターのために自社の手順やルールを明らかに無視していたことと、その程度の酷さだ。さらに衝撃的なことに、サビルがボランティアをしていた病院のいくつかでも、同じことが行われていたらしい。

同じBBCで、上級役員に対する退職金の支払いについても、深刻な疑いが投げかけられた。元会長のマーク・トンプソン（現在はニューヨーク・タイムズの社長兼CEO）と他の役員は、イギリスの公共会計常任委員会で証言を求められた。上級幹部の一部に契約上の義務を大幅に超える退職金の過払いがあったと思われるのだ。この件について質問を受けた人事部長のルーシー・アダムスは説明を試みたが、功績や公正さの基準については言及せず、ただ「慣習と慣行」に従っただけと述べるのみだった。アダムスはその後まもなく、疑惑の渦中で辞任した。公共会計常任委員会のあるメンバーは、上級幹部たちは「企業による不正と身びいき」というカルチャーの「先頭で指揮を執っていた」と述べた。[9]

組織にできること

これまで、組織の中でルールがどのように働くかを見てきた。ここからは、ルールを公平でシンプルなものにする具体的な方法を探っていこう。診断ツールの「あなたが属する組織のルールは、シンプルで、合意されたものか？」は、組織の内部ルールがどのように機能しているかを測るものだ。

この質問に対する回答は、すべてのテーマの中で最も否定的だった。この診断の中で最もスコアが低かったのは、「私たちは組織として、不要なルールや事務作業には抵抗を示す」だった。「そのルールが何のためにあるのかを、私は知っている」について、幹部のスコアは少しましだったが、他の階層にいる大多数の人たちは同じ意見ではないようだった。さらに、階層が低い参加者は、ルールが全員に平等に適用されていないと確信していた。したがって、公平性が大きな課題であることは驚くに値しないだろう。

この診断の設問そのものから、シンプルなルールを維持するための、不可欠な組織の働きを引き出すことができる。それをもとに、具体的に組織の責務を四つ提案する。これらは、私たちの研究から得たものだ。

シンプルに、シンプルに

「忍び寄るルール」は、組織に絶えずつきまとう危険である。診断の設問「私たちは物事をシンプルに保つ」と「私たちは組織として、不要なルールや事務作業には抵抗を示す」は、それを防ぐために何をすべきかを反映させたものだ。これは、組織がこの目標に対して今どの地点にいるかを継続的に確認する必要があることを意味している。HPがどのような経過で、突然に委員会の泥沼にはまったのかを思い出しておこう。

ファッションウェブサイト「ポリヴォア」のCEOであるジェス・リーにとって、企業カルチャーの中で物事をシンプルに保とうと意識することは、最も重要なことである。リーは次のように語った。「私たちは三つの価値観を持っています。ひとつ目は『ユーザーを喜ばせる』、あとの二つは『少ない物事をうまくやる』と『影響を及ぼす』です。（略）物事はできるだけシンプルに保ち、不必要だったり無関係だったりするものはカットし、細部を磨くことに集中しなければならないと、私たちは考えています」。また、これらはカスタマーエクスペリエンスと社内プロセスの両方に反映されなければならないと述べた。この一カ月後に彼女は、「シンプル化月間」を宣言した。「社内の全員に、自分の仕事をすべてリストに書き出すように依頼しました。そして、重要なものを特定し、リストの残りはシンプルにするか、最適化するか、

診断ツール

あなたが属する組織のルールは、シンプルで、合意されたものか？

1＝まったくそう思わない　2＝そう思わない　3＝どちらでもない
4＝そう思う　5＝とてもそう思う

- 私たちは物事をシンプルに保つ。

1　2　3　4　5

- ルールは明確で、全員に平等に適用される。

1　2　3　4　5

- そのルールが何のためにあるのかを、私は知っている。

1　2　3　4　5

- そのルールが何のためにあるのかを、誰もが知っている。

1　2　3　4　5

- 私たちは組織として、不要なルールや事務作業には抵抗を示す。

1　2　3　4　5

- 権限は尊重される。

1　2　3　4　5

1か2をつけた設問には、継続的な注意を払う必要がある。スコアの合計が18を下回ったら、組織生活の中でも特にこの診断分野に、改善の必要があることを示している。本当に改善するための時間を組織にどれくらい与えられるかを自問すること。

そうでなければ削除するようにと伝えました。そうすれば、会社をできる限りシンプルな状態にすることができるのです」。定期的に合理化を実施することは、常に優先順位のトップにある。「時間を取って、手を抜けば発生してしまうようなエントロピー《乱雑さ》を一掃することが、本当に大切です」とリーは語った。[10]

「忍び寄る官僚主義」に対しては、あらゆる種類と規模の組織が無防備かもしれない。私たちがよく知るグローバルな一流ビジネススクールの従業員は約四五〇人で、そのうちおよそ一〇〇人が教員だ。私たちは学部長とこの研究について話し合い、「夢の組織」のさまざまな側面で、この組織がどの位置にランクづけされるかを考えてもらった。彼は「シンプルで合意されたルールの必要性」が最も難しい課題だとした。

おそらく、他の多くの専門家たちと同じように、教員たちは複雑さを大いに楽しむのだろう！　多くの大学と同様に、ここにも学部とプログラムが交差するマトリックス構造がある。委員会と討論にゆだねられる範囲は実に広い。終身在職権の決定プロセスに関するルールを例に挙げてみよう。最悪の場合、複雑に入り組んでしまい、さまざまな解釈や討論を大量に行わなければならなくなる可能性がある。例えば「雇用から七年以内に、トップ6のAグレードの学術誌に、五本の論文掲載」というシンプルなルールを厳密に守るということになれば、一歩前進と言えるだろう。しかしまず、トップ6であるべき学術誌がどれなのか、その理由も含めて合意しなければならない。ということは、どれが最も優れた学術誌かについて異なる意見を持つ、さまざまなビジネススクールに勤める四人の外部査定者が作成した、四つの異なるランキングを検討しなければならなくなる。この時点で、どの候補者の論文が実際に影響力を持つかについての話し合いは、まだ始まってすらいない。どこで引用されているか？　どの被引用数が最も信用できるのか？　例えば、専門サービス企業で役員の任命を検討する際にも、査定プロセスの周囲で似たようなドラマが繰り広げられる。ルールが急増したり複雑になるという害からこうしたプロセスを遠ざけるよう、常に用心することが求められる。

○×を記入するだけで「公平性」を得ようとしてはいけない

○×を記入するだけの対策にしないために努力すべきだ。これは、診断ツールの設問「ルールは明確で、全員に平等に適用される」が関わっている。しかし、公平と平等を実現しようと思ったら、ルールを守らせるための方法に頼ってはいけない。おそらく失敗するからだ。権利や責任を定義する公式の憲章や文書が、役に立たないと言っているわけではない。そうしたものは、公平性の必要条件だが十分条件ではない。公平性は、価値観の共有とルールへの合意から生まれるのだ。それ以外のルールを守らせるための方法は、たとえどんなにうまくやっても、○×を記入するだけの「公平のまねごと」に終わるだろう。

ウェブコンテンツ管理ソフトウェアの会社DNNのCEO、ナビン・ナギアについて取り上げよう。彼が育てようとしているカルチャーは、「極めてオープン、正直、率直」なものだ。ただし、現実の問題について正直で公平であることは比較的単純でわかりやすいが、すべてが簡単に規則化できるとは限らないということはよく認識している。「頭に叩き込むのが難しい部分が、『知的に誠実であること』だ」と彼は語る。例として、会議でアイデアに反対しているチームのメンバーを挙げた。より良いアイデアにするためでなく、別の議案を押すのが目的であれば、それは知的に誠実な行為ではなく、「結果として良くないカルチャーを生んでしまう」。DNNで大切なことは、「自分が本物かどうか、同僚にうまくいってほしいと心から思っているか、組織にうまくいってほしいと思っているか、そして自分自身がそれに深く関わっているか」である。[11] 私たちの意見では、これは公平性の問題であり、組織の中では極めて重要な要素だ。そして、そのどれもが、会社の規則で強いることはできない。

そのルールが何のためにあるのかを忘れない

ルールを目標や目的につなげることは極めて重要だ（診断の設問「そのルールが何のためにあるのかを、私は知っている」と「そのルールが何のためにあるのかを、誰もが知っている」が該当する）。比較的小規模なチームのメンバーであっても、目標や目的を忘れることがある。

定期的に立ち戻り、再確認することができれば、おそらくもっと忘れにくくなるだろう。さらに広く言えば、これは、個人やチームの仕事と組織の全体的な目的を結びつけるという、難しい問題である。私たちは、仕事の意義と「本物であること」を論じた第4章で、このテーマを扱った。良いルールは目的につながる。

私たちがよく知る、アメリカの中規模の企業でセールスとマーケティングのトップを務める上級副社長は、この点を強調した。「営業チームに不当な苦労を押しつける手順が当社のプロセスにあったのですが、私はそんな手順の存在すら知らなかったのです！　ある営業担当者がこの問題を指摘してくれたとき、私は心から感謝しました。そして、ただちにすべてを簡素化したのです」。この話は、二つの事柄を証明している。管理職が、スタッフとのコミュニケーションの経路を開いておく能力を持っていたこと、そしてすでに実施されているルールやシステムを定期的に見直すメリットだ。

権限がどこから生まれるのかを考える

理想の組織は、会社の目的全体をサポートするような構造になっており、社員にその構造に従おうという気にさせる。権限がないときに発生する問題を観察すれば、権限の重要性を知ることができる（診断の設問「権限は尊重される」に該当）。例えば、数年にわたって共に仕事をしてきた大手の製薬会社に、共通の課題があることに私たちは気づいた。ロシュやノバルティス、グラクソ・スミスクライン、ジョンソン・エンド・ジョンソンのような企業だ。その課題とは、「研究開発の環境で、どのようにしてリーダーをうまく育てるか？」だった。研究機関には何百という優秀な人間がいて、複雑なガンの治療法や、認知症や糖尿病など、自分の研究分野に関心を持っている。しかし、効果的なマネジメントを行い、リーダーシップを発揮するという組織にとって不可欠なタスクに、彼らは往々にしてまったく興味を示さない。深い興味を示す人もいるが、大抵は、財務や人事などの支援部門のスタッフだ。残念なことに、科学者たちは彼らのことを、自分たちの「画期的な研究」を官僚主義的に邪魔する存在であり、「正当性」に欠けていると見なしている。しかし、少数であるが、本当に少数ではあるが、正当な権限の行使とリーダーシップの実践があれば、医薬品開発がもっとやりやすくなるということを理解する研究者もいる。こういう人材は非常に貴重で、一般的な製薬会社と卓越した会社の差を生み出すことができる人材だ。

少し不思議ではあるが、音楽業界にも似た現象がある。アーティストと行動を共にするのが大好きで、クールなライフスタイルを楽しむ幹部がいる。問題は、彼らは契約書を読めず、マーケティング計画を書けないことだ。一方、ビジネスの面では剃刀のように鋭い人がいる。彼らはきっと一〇〇メートルぐらい離れていても契約書を読めるし、詳細に分析することもできる。こちらの問題は、アーティストに親しみを感じていないことだ。そういう場合には、相手も同じように感じているものなのだ！　そして、非常に少数だが、アーティストから尊敬され、しかも相当なビジネス感性を持つ人もいる。彼らには正当な権限がある。そして、その権限を中心として、優秀なレコード会社をつくることができる。

この章で論じてきたシンプルなルールで、本物の組織が持つ六つの側面についての話は完結する。六つをまとめれば、あらゆる種類の組織にとって、やりがいのある課題ができあがる。ただし、これらすべてが簡単に達成できると思うほど、私たちの考えは甘くない。次の章では、二つ以上の原則が両立できない状態や、どちらを優先すべきかというトレードオフの問題を探ることにする。また、スタート地点はどこか、自分の組織ではどの原則が最も優先されるべきかについて、考えるヒントを提供する。

▼リーダーがとるべきアクション▲

◆**物事がうまくいかなくても、新しいルールをつくりたいという誘惑を退ける。**できる限り、まずは信頼で乗り切れるかどうかを試し、必ずしも自分の思いどおりの結果にならないことを受け入れる。ルールは手っ取り早い解決策に見えるかもしれないが、「あまり信頼していない」という下方スパイラルを引き起こしてしまう可能性があり、そうなると一般的には問題がさらに増えることになる。

◆**自分でしないようなことを他人に頼まない。**もし自分や他者について繰り返し例外をつくると、ルールを尊重する気持ちが、あるいは自分を尊重する気持ちが、生まれなくなる。ルールがあるなら、それを信じること！

◆**そのルールが、すべてのステークホルダーに、どのような影響を及ぼすかを確認する。**ルールの影響は、社員や規制する側だけでなく、顧客やより広い社会にも及ぶ。新しいルールを導入する際には、そのルールが顧客や消費者、サプライヤー、およびその他のステークホルダーに及ぼしうる影響を検討すること。

◆ **組織は必要な程度にだけ複雑であるべきで、決してそれ以上複雑であってはならない。**製薬会社などの一部の企業は、そもそもの事業の性質として複雑である。組織のトップに立つ人は、複雑なことが得意であるためにそこに到達することが多い。しかし、逆説的だが、トップに立ってしまえば、シンプルであることを求めて努力しなければならない。

◆ **ルールの目的を説明する。**人は存在理由を理解したときに、それに従おうとする傾向が強くなる。

◆ **根本をなす事業プロセスをいつでも再検討できるようにしておく。**自分が属する組織の事業プロセスを構成する、ひとつひとつの細部を注意深く観察することによって、不必要な複雑さを取り除くことができる。

第7章

本物の組織をつくる

トレードオフと課題

Creating and Sustaining the Authentic Organization

Trade-Offs and Challenges

ひとつの組織に対して、あらゆる点で他の組織より秀でていることを期待するのは現実的ではない。しかし、本書でここまで見てきたとおり、特定の面で秀でる道筋を示す企業もある。そのような組織は、願望《アスピレーション》を現実に変えるひらめき《インスピレーション》を持っている。

本章では、人々がそこで働きたいと思う場所になるために、組織が直面しなければならない代表的な選択と課題を検討していく。ここまで説明してきた夢（DREAMS）の各原則は、明らかに互いに連鎖している。「正直」であれば、「違い」をさらに認めやすくなるだろう。「正直」であれば、あなたはさらに「本物」になれるだろう。そして、不必要な官僚的統制を受けずに「シンプル」であれば、仕事はさらに「意義」深いものになるだろう。

しかし各原則の間でも、各原則と組織の外部要因との間でも、両立できないことがある。例えば、金融サービスや製薬会社が、もっと押しつけがましい、浸透力の強い、複雑な規制を受け入れなければならないとする。このような環境で、「ルールはシンプルに」というカルチャーを生むことは、とてつもなく難しい。自社の競争優位性が知的財産に関連している場合には、「徹底的に正直である」ことも難しくなる可能性がある。

また、ある面で非常に秀でていても、別の面でも秀でているとは限らない。エンロンは「ルールをシンプルにする」については模範的な組織として広く高い評価を得ていた。[1]ところが、何か深刻な問題が起こっていると私たちが気づいたのは、カリフォルニアで停電が始まってからだった。また、本書で示してきたとおり、国際的エンジニアリング・コンサルティング会社のアラップは、違いや個性の表現を評価することで力をつけているが、意思決定プロセスが長く複雑になるせいで、コストがかかってしまっている。いくつかのルールをシンプルにすれば、やりやすくなるかもしれない。

ティーネは、成功を収めているノルウェーの食品協同組合である。公平であることに、北欧らしい健全な信念を持っている。しかし、広く深く相談することにこだわりすぎて、意思決定が遅くなり、イノベーションを妨げている。デンマークのノボ ノルディスクは、世界でもトップ一〇に入る製薬会社だ。「徹底的に正直であること」を実践して私たちに教訓を与えてくれているが、「違い」の問題については常に苦労している。社員の多くがデンマーク人で、会社の世界観もデンマーク的だからだ。

本章では、企業が直面するであろうジレンマやトレードオフについて探りながら、既存の組織の背景や歴史の評価が重要であることも示していく。また、どこから手をつけるかも重要だ。夢の組織の原則の中で、どれに集中すべきか？　その理由は？　誰が注意を払うべきか？　原則によっては、それぞれ異なる分野の専門知識が要求されるかもしれない。いずれにせよ、トップがしっかりと注意を払っていないのに、本物の組織がつくられ、維持されることはまずありえない。

自分を何者だと思うか？

では、あなたの組織はどんなタイプの組織だろうか？　変化について考える前に、現在のポジションをしっかりと診断してみよう。私たちの調査によって、さまざまな背景や組織のタイプがすでに明らかになっている。

例えば、起業したばかりの小さなハイテク企業やクリエイティブ企業のように「真っ白なページ」の状態にある組織と、ハイネケンやユニリーバ、ＩＢＭのように、特色のある長い歴史を持ち、すでに名声が確立している組織の状況を比べてみよう。また、「従来型の」資本主義的企業と、会社の所有構造が異なっていたり、他とは異なる理想を掲げている企業との対比についても考えてみよう。後者の例としては、アラップ、ノボ ノルディスク、ニューヨーク生命、ジョン・ルイス（従業員所有のパートナーシップ企業）、ベスタガード・フランドセン（社会的事業を行う民間企業）などが挙げられる。

最後に、アップルやグーグル、スターバックス、アマゾン、フェイスブック、シスコのような組織についても考察する。いずれもが、爆発的な成長を経験し、グローバルなブランドを打ち立て、巨大な資産を持つ、比較的若い企業だ。しかし現在では、「すでに名声が確立した」

企業として、従来のタイプの構造が取られるようになってきた。起業した当時には、「情報を自由に入手可能にする」、「社員がありのままでいられるようにする」、「悪いことはしない」など、明らかに「新しい」理想を掲げていたのにだ。そこで、次のような問いが生まれる。こうした企業は、現代における夢の見本だろうか？　つまり、透明で、違いや個人の自由を許容し、倫理的な目的を提供しているだろうか？　それとも、そのいくつかは、古典的な問題の兆候を示しているだろうか？　すなわち、透明性よりは機密性、多様性よりは型にはまることを選び、利益を上げるという責務のために、「道徳に反するような」搾取構造や、法人税回避のための手の込んだシステムを持つようになっているのだろうか？　経営学者のフレデリック・テイラーなら、アマゾンの巨大な倉庫の仕事のような、ルーティン作業やプロセスを承認（そしておそらく称賛）するに違いない。

確かに、サンフランシスコのベイエリアは、かつてはアップルやグーグルのようなハイテク企業の、極めて多様で創造的な活動の拠点だった。だが、第3章で指摘したとおり、近年、高学歴で、主に白人男性のハイテクエリート主義者が増加するにつれて、膨張したシリコンバレーに飲み込まれてしまったかのようだ。次の新聞記事の抜粋には、サンフランシスコがこの変貌によって最終的にどれほどダメージを受ける可能性があるかについての説明と、詩人であり画家である九四歳のローレンス・ファーリングヘッティのインタビューが掲載されている。

ファーリングヘッティは、ビート・ジェネレーション〔一九六〇年前後にアメリカの文学界に生まれたカウンターカルチャーのグループ〕の詩人である、アレン・ギンズバーグやジャック・ケルアックの初期からの支援者であり、有名なシティライツという書店業と出版業を行う企業の共同所有者でもある。彼がサンフランシスコに来たのは一九五一年のことだった。ボヘミアンでいるには最高の場所と聞きつけたからだ。しかし今、サンフランシスコ市街の自宅にいてもそんなふうに感じることはない。彼は今でも、ノースビーチの労働者階級が集まるイタリア人街に住んでいるが、かつては手頃だった家賃も、ヨーロッパの雰囲気も、ほとんど消えてしまった。

（ファーリングヘッティは）「魂のこもっていない人々の集団」や、ｉＰｈｏｎｅ片手に今この瞬間に「ここにいる」ことに忙しい「新種の」男女、通りを走るピカピカの新しいメルセデス・ベンツについて不満を漏らした。サンフランシスコ中心部にある大きなアートギャラリーは、二〇年にわたってファーリングヘッティの作品を展示してきたが、すでに閉店が決まっている。更新された賃料を払えないからだ。他のいくつかのギャラリーと同様に、ミュールソフトという、クラウド・コンピューティングのスタートアップ企業に道を譲ることになった。同社は三倍の賃料をオファーしたと言われている。「シリコンバレーがこの街をのっとる様を目にするのは、あまりにも衝撃的だ。サンフランシスコはすっかり変わろうとしており、最終的にどうなるのかは私たちにもわからない[2]」

サンフランシスコは、そこに立地するハイテク企業やその社員と混ざり合って、ある種「魂のない」スープになった都市だ。そういうイメージに、私たちは戸惑うに違いない。少なくとも組織の側には、真面目な反省を促すべきだろう。自分が属する組織が、本当に自分が思うような（あるいは、そうあってほしいと思うような）場所かどうかを自問してみよう。あなたが思うほど多様でクリエイティブだろうか？　これは、最も優秀な人材を引きつけ、勤め続けてもらうことができるような場所になるという観点から見て、自分の組織が今どの位置にいて、どこに行こうとしているかを知るのに、鍵となる質問である。

ここから私たちは組織のさまざまな背景を説明していくが、そのすべてにおいて、夢の組織を「つくり」、「維持し」、あるいは「取り戻す」ことに特有の課題が示唆されている。まず最初は、ゲーム会社であるスーパーセルの例を見ることにしよう。同社は、やや慎重に夢の組織を今まさにつくっている最中であり、そのプロセス固有のジレンマに直面しているところでもある。

夢をつむぐ

私たちをスーパーセルに紹介したのは、デイビッド・ガードナーだった。彼は、スーパーセルの出資者であり、私たちの旧友でもある。初めて会ったのは、彼がエレクトロニック・アーツ（EA）・ヨーロッパのトップだったときだ。スーパーセルは目覚ましい活躍を見せるフィンランドのスタートアップ企業で、ほんの数種類しかない商品が爆発的に売れ、タブレットやスマートフォン用ゲームの分野で支配的な地位にいる。二〇一四年には「クラッシュ・オブ・クラン」が、世界一二二カ国でiPadゲームとしての最高収益を上げた。また、別のゲームである「ヘイ・デイ」は七八カ国で売上トップを飾った。また、最近リリースした「ブーム・ビーチ」がまた大成功を収めそうな勢いだ。

ガードナーは出資者でありながら、スーパーセルの企業プレゼンテーションでは「この会社はEAではない」と断言する。チームの一員であるティボル・トートは「ここでは壁に呪文、すなわち企業カルチャーにまつわる大言壮語は書かれていません。スーパーセルは、社員が個人的にも職業的にもさまざまなバックグラウンドを持つという事実を高く評価しているし、会社のルーツがどこにあるのかを自覚しています。……私たちは謙虚なのです」と言う。では、彼らは自分たちのことをどのように見ているのだろう？　ロックスターではない。「クリエイティブな職人」だ。[3]

スーパーセルは、小さなチームを取り囲むようにして組織を構築している。各チームに社員はわずか六人程度なので、「階層構造もなければ、官僚制もない」。こうしたチームの特徴は何か？　チームの目標は、「めちゃくちゃに」才能ある個人をひとつにまとめ、彼らに「無制限の自由」を与え、同時に「チームに強烈な化学反応」を生じさせるというものだ。

ゲーム産業がかなり「独立プロダクション」的になっているにもかかわらず、スタートアップのほとんどが何かを生み出すことに一生懸命で「儲けることにはほぼ興味がない」。だが、スーパーセルの創設者たちは違う。彼らは自分たちのためだけでなく、社員のためにも成功を望んだと、ガードナーは言う。その結果、スーパーセルが開発した収益モデルは、「非常によく」機能している。スーパーセルの製品のほとんどは無料で提供されている（ユーザーの九〇％は何も払っていない）が、さらに高度なゲーム体験を購入する一〇％からかなりの収入を得ている。結果としては、社員わずか一六〇人による事業で、年間一五億から二〇億ユーロの売上が生まれている！（ちなみにＥＡの社員数は七〇〇〇人で、収入はこれより低い）

スーパーセルの成功の鍵は、ユーザーとの関係構築のしかたにある。ゲームをプレイしたい人たちの「クラン」（コミュニティ）をつくって、顧客の声を丹念に聞き、尊重する。これによって、結果的にユーザーを有料会員に転換している。それだけでなく、社員の声にも耳をしっかり傾けている。会社の考え方を伝える必要が生じたときには、共同創設者兼CEOであるイルッカ・パーナネンは、スーパーセルの五五人の社員と個別に膝を突き合わせる機会を持った。そこで彼は、社員が何かを気に入った理由や、何が気に入らないのかを尋ねる。言い換えれば、彼は「なぜここで働かなければならないのか?」を尋ねた。このことが、この会社の価値観の基盤を形成している（コラム「スーパーセルは『何を信じるか』を明確に打ち出す」を参照）。

ミッションを持つスタートアップ企業がここにあった！　スーパーセルの創設者たちは、自分たちがどうなりたいか、そしてどう「なりたくない」か（EAのことだ！）について、非常に明確な考えを持っている。彼らの野心と、信念と、価値観に目を向ければ、夢の組織の六つの面のすべてにおいて、他のどの組織よりも、大きな志を抱くと思われる会社であることがわかるだろう。

目的が称賛に値するほど明確で確固としており、そのことがスーパーセルを他から際立たせている。ゼロから何かをつくる機会のある人には、素晴らしい教えとなるだろう。しかし、それでもまだ疑問は残る。このような理想を持続することができるのだろうか？

スーパーセルは「何を信じるか」を明確に打ち出す

小さいことは美しい——最適な人材とチームの化学反応があれば、小さなチームが最高のゲームと最大の結果を生み出すことができると、私たちは信じる。

透明性を最大に——ビジネスに関する数字やデータ、計画はすべて、良いものも悪いものも、全員に共有される。情報が自由に流れれば、コミュニケーションや意思決定、信頼、意欲が向上する。

官僚主義ゼロ——小さな独立したチームは、敏捷で、動きが非常に速い。邪魔になったり、スピードを下げるような障害を取り除くことが重要。

極限までの独立性——チームが小さいだけでは十分ではない。チームには、素早い決定を下し、リスクを取る自由がなければならない。

ものづくりへのプライド――チームは速く動きながらも、創造性や品質に決して妥協しないように精一杯努力する。ゲームのプレイヤーたちは、彼らの貴重な時間を寛大にも私たちにシェアしてくれている。我を忘れるほどの楽しいゲーム体験をしてもらうことで、恩返しをしたい。

自分を大事にする――最高の報酬、業界トップの福利厚生、ワークライフバランス、人類全体への関与は、パフォーマンスが高く、幸福な人間になるための秘訣だ。そして、それが私たちのコミットメントである。

出典：「私たちのストーリー」（スーパーセル企業サイト www.supercell.com/en/our-story/）

夢を抱き続ける

さまざまなタイプのスタートアップ企業の研究から、いくつか共通の落とし穴があることがわかった。スーパーセルも今後、はまってしまうかもしれない罠だ。

創設者のエネルギーが失われる。会社を創業する人は、何か新しいものをつくることからインスピレーションを得る。当初の課題が克服できて、組織をマネジメントしなければならなくなると、飽き飽きしてしまうことがある。また、後継者候補の質に幻滅することもある。

成長に伴って集中が失われる。規模が大きくなるときには多角化が伴うことが多く、当初のこだわりから事業が遠ざかってしまうことになる。スーパーセルは、アミューズメントパークや映画に参入すべきか？　オファーはあるが、会社のアイデンティティが薄まる危険性は高い。スーパーセルのＣＥＯは、カルチャーを守り、優秀な人材を引きつけることが自分の主な役割ととらえている。もしそれが成長を拒否することを意味するのであれば、彼にはそうする覚悟ができている。

大規模化とともに、小さな独立したチームを維持することが難しくなる。わざわざ一からつくり直すという無駄を避けるためにも、成長する組織全体で経験や専門知識、リソースをシェアすることは、明らかに魅力的だ。しかし、相互依存が増えると、個々のチームの自主性が脅かされる。

システムと官僚主義を混同する。 第6章で示したとおり、組織にはルールが必要だ。しかし、そのルールが何のためで、いかに目的に貢献するかを覚えていられないような方法で、どんどん増えていくことがある。そうして、元々あった自由が損なわれる。

スーパーセルの創設者たちが、将来直面するだろうと覚悟している大きな課題がある。人材を確保する先を、ヘルシンキの外側に拡大する必要性だ（今のところ、社員の四〇％が、ヘルシンキの外から来たフィンランド人以外の技術者であるが）。現在は、とても小さい人材プールからの供給に頼って組織を拡大させている。そこで、社員の基盤が広がることを願って、サンフランシスコとソウル、東京にオフィスを開設した。しかし、スーパーセルはどうやって企業カルチャーをフィンランドの外へ持っていこうとしているのだろうか？　どこまで運営を分散させるつもりなのか、という疑問もある。わずか四カ所のオフィスの間とはいえ、有効なコミュニケーションを保ちつつ成長することは、難しい課題になる可能性がある。この点を、創設者兼CEOのイルッカ・パーナネンは十分に認識している。

一方で、夢を維持するという話になったとき、他の組織ではどのような課題に直面しているのだろうか？　創業時の魔法の力を、うまく維持できているように見える企業もいくつかある。本書でも、もう少し大規模ですでに定評のある企業についても論じてきた。そこから学べる教訓がある。ニューヨーク生命やジョンソン・エンド・ジョンソン、ハイネケン、ＢＭＷ、アラップのような組織の、強さの中心を大きく占めているのは、目的が明確であること、伝統を認知していること、基本的価値観の実践に対してこだわりを示すことだ。実際、本物であることについての議論（第４章）で考察したことの多くから、設立当初の夢を保つのに何が必要なのかが明らかになっている。

しかし、これ以外の面に取り組んでも、成功を収めることはできる。例えば、ノボノルディスクが、オープンで正直な情報交換を後押しするために、組織監査を熱心に活用していたことを思い出してみよう。あるいは、官僚化に抵抗し、違いを生かせる場所を探し続けるためにアラップが払った努力について考えてみよう。最後に、ＥＹのイギリス事務所による、創造的な取り組みを忘れないようにしよう。ＥＹの「前向きに考える《シンク・フォワード》」というチャリティー事業は、社員にそれぞれのコミュニティで社会貢献をする機会を提供している。それは、有能なスタッフにとって、新鮮で付加価値のある機会であり、仕事への意義が生まれる源泉となっている。

夢を再燃させる

「夢の職場」として知られた、かつての姿を取り戻そうとしている組織がある。彼らは、これから夢をつくろう、あるいは維持しようとしている企業とは大きく異なる問題に直面している。本書の研究の終盤に近づいた頃、私たちは世界最大級のグローバルバンクであるバークレイズとの仕事を始めた。ほとんどの大手金融企業と同様に、この銀行も二〇〇八年の金融危機で大きな影響を受けていた。なんとか政府による大きな財政援助を受けずにすませ、リーマン・ブラザーズのかなりの部分を買収することができた。しかし、その後の出来事によって、再び窮地に陥る。ロンドン銀行間取引金利（LIBOR）の決定や、問題のある金融商品の販売をしたことに関わる、一連のスキャンダルだ。評価資本は深刻な打撃を受けた。かつて投資バンカーたちの間で寵児ともてはやされた、向こう見ずなCEOのボブ・ダイアモンドは銀行を退職し、彼の取り巻きの多くも辞めた。

後任は、アントニー・ジェンキンズ。ボブ・ダイアモンドとは正反対の男だ。静かであまりでしゃばらないタイプのジェンキンズは、リテール部門とクレジットカード部門の両方でキャリアを積んでいた。そして、金融サービスの歴史上、最も野心的なプロジェクトをスタートさせる。「トランスフォーム（変革）」プロジェクトだ。その目的は、バークレイズを完全につくり変えること。そして、彼が何度も明言しているとおり、将来的には銀行経営そのものを完全につくり変えることにもなる。資本主義をつくり変えずに、銀行経営をつくり変えることなど無理だと思うだろう！　そう感じるなら、これが非常に大きなプロジェクトだということがわかってもらえると思う。

この変革がうまく機能するかどうかを語るには早すぎるが（執筆時で、バークレイズがこのプロセスに入って約二年だ）、今のバークレイズにはエネルギーと野心がたぎっている。彼らが掲げるテーマの多くが本書の議論と結びついているが、特に、トランスフォームプロジェクトでは、一連の金融スキャンダルで損なわれてしまった評価資本を再構築しようとする際に、「徹底的に正直である」という原則を取り入れようとしている。さらに、リーダー層にとって、あるいは顧客との関係において「本物であること《オーセンティシティ》」が何を意味するかを探ることに、重点的な投資を行った。ジェンキンズは、バークレイズはクエーカー教徒が設立した銀行だという原点に回帰し、強力な倫理的基盤を使って銀行を再構築しようとした。したがって、トランスフォームプロジェクトは次の五つの価値観を内包している。

尊重——私たちは、共に働く人たちと、彼らがもたらす貢献を尊重し、高く評価する。

高潔——私たちは、あらゆる行動において、公正に、倫理的に、オープンにふるまう。

奉仕——私たちが行動する際には、クライアントや顧客をすべての中心に置く。

卓越――私たちは、自分のエネルギーやスキル、リソースを使って、最上の持続可能な結果を生む。

スチュワードシップ（ゆだねられた者の責任）――私たちは、私たちが出会ったときよりも良い状態を未来に残すことに情熱を注ぐ。[4]

ジェンキンズは、リーダーシップとカルチャー、パフォーマンスを根気強く結びつけながら、この価値観に基づいた組織づくりのアプローチの正しさを固く信じている。しかし、彼ほどのエネルギーと折れない心をもってしても、こうした高潔な目標の追求には、問題がつきまとうものだ。組織のカルチャーを変えるのに必要な時間のスケールは、四半期ごとの業績報告という縛りには合わない。大株主は今すぐの変化と業績の改善を求めるが、価値観に基づく本物のリーダーシップを組織に植えつけようとするならば、時間が必要だ。さらに、最も上級の幹部たちの中にさえ、変化を求める気持ちを抑え込むような冷笑主義《シニシズム》の巣窟が存在する。要するに、本物の組織を再発見することは、非常にタフな仕事なのだ。

もうひとつの例は、最近復活したコンサルティングファームのA・T・カーニーである。[5]

一九二〇年代、シカゴで設立された同社は、トム・カーニーのリーダーシップのもと、その後の三〇年間で特色のあるカルチャーを育ててきた。彼らはクライアントとの関わり方に特別のプライドを持ち、単なるアドバイスにとどまらず、変革の実践を伴うような、現場での支援を行っていた。

「私たちはただ会長やCEOだけと話をするのではなく、企業全体とパートナーシップを組んでいました。クライアントは私たちを高く評価してくれました。理由は、影響力の大きなプログラムを、しっかりと実行するために誠実に協力する人間として、私たちのことを見てくれていたからです」。パートナーのフィル・モーガンはそう語った。また、別のパートナーのゲーリー・シンガーは「私たちはシンプルでいよう、直に接しようと心がけていました。私たちが大切にしていたのは、クライアントの仕事をするのではなく、クライアントと『共に』仕事をするということでした」と付け加えた。

一九八〇年代から一九九〇年代にかけてこの会社はグローバル化し、大きな成長を遂げた。そして、一九九五年にITサービス巨大企業のEDSに買収された。当初、この組み合わせは途方もなく大きな成功を収めていた。しかし、EDSの中核事業が不振に陥ると、A・T・カーニーが悪影響をこうむるようになる。有能な人材が大量に流出した。リーダーたちはパートナーシップの精神やそれがもたらす利点が失われないようにしなければ、と切実に望んだ。

これに応えて、二〇〇五年に二六カ国のパートナー一七七人が会社を買収し、「再生」に取り掛かった。ひとりひとりが個人として大きなリスクを背負ったが、「他では再現できない何か特別なものをつくるチャンスを見つけたのだ」とモーガンは語った。

買い戻しの後、収益は五五％、パートナーの数は五九％増加した。持ち分が一％を超えるパートナーはおらず、全員がひとり一票を持つ。グローバルな取締役会のメンバーに誰かを推薦する権利は、全パートナーにあった。この並外れて民主的なカルチャーの中で、ひとりひとりが起業家精神を持ち、良い結果をもたらし、最も称賛されるグローバルファームをつくる一助となることが奨励された。

本物の組織が本物の自分を表現できる場所であるとすれば、A・T・カーニーはまさにそれを支援する構造とカルチャーをつくり上げてきたと言える。二〇一三年には、「ビジョン二〇二〇」というプロジェクトを開始した。業界で「最も称賛される」コンサルティングファームになるという目的を持って、未来に目を向けたものだ。「ビジョン二〇二〇」のガイドラインによれば、その手段は「先人の豊かな伝統と業績を礎にすること」だ。「先人の物語、つまりは私たちの物語は、あらゆる期待を超えることが私たちのDNAに埋め込まれているという、確固たる証拠である」[6]

ここにあるのは、「本物の」ルーツを注意深く慎重に振り返ることによって、未来を方向づけた会社だ。同社は最近歴史を丁寧に調査して、『A・T・カーニー・ストーリー（*The A.T. Kearney Story*）』と題する出版物を制作し、全社員に配布した。こうすれば「家族と一緒に読んでもらうことができる。家族にも自分がこのストーリーの一部だと感じてもらいたい」とフィル・モーガンは語った。

物語は完成したのだろうか？　もちろん、完成していない。規模という点では競合の何社かに劣っており、マッキンゼーやベイン、ＢＣＧのようなファームや四大監査法人との差別化を図るために努力を続けなければならない。同社は、こうした競合の中で最も称賛される会社になり、二〇二〇年までに規模を二倍にし、どの分野であろうとトップスリーに入ることを志している。事実をありのままに話し（同社が「本質的な正しさ」と呼ぶもの）、パートナー（およびその家族）と民主的につながり、創設時の価値観に忠実であり続けるという決意――これは、私たちの見解によれば、同社が真の進歩を遂げている組織だということを意味している。つまり、本物であること、コミュニティ、意義、正直さに関して共有する意識を取り戻すという観点から見た、進歩である。

ここからは、理想の組織はどうすれば（つくるにせよ、維持するにせよ、取り戻すにせよ）実現できるかについて、実用的なアドバイスをしていこう。

より良い職場をつくる

本物の組織をつくり上げるというのは、タフな仕事だ。この調査中に私たちは、働きやすい場所をつくろうという固い決意を持って努力している、優れた組織を調査してきた。この仕事が簡単だと思っている組織はひとつもなかった。本書のしめくくりであるこの第7章で、どんなときにも勝手に機能してくれるような単純な方法があるような書き方は、決してしたくない。組織というのはそんなものではない。しかし、素晴らしい組織をつくろうとする努力が報われる可能性が高くなるような、鍵となる成功要因を提示することはできるだろう。例えば、「トップの支援」や、組織の強力な「実行を後押しする」ものの存在だ。これらをひとつずつ見ていったうえで、最後に根本的な変革の過程で覚えておくべき注意点も示すことにする。

トップの支援

重要な成功要因のひとつ目は、経営陣による弾力性のある支援だ。経営陣は、優れた組織をつくることのメリットを「頭で」納得し、長い時間がかかるという組織開発の性質に「気持ちの面で」肩入れをする必要がある。ノボ ノルディスクやアラップでは、トップの支援が常にあり、しかも目に見える形で行われる。知的であり、思いやりのある支援だ。

逆に、経営陣は責任を放棄することができない。「夢の組織（DREAMS）」の原則のひとつ「違い（Difference）」の追求を例にとってみよう。違いを求めることが人事部のプロジェクトになってしまったら、ほぼ失敗の運命をたどるだろう。ダイバーシティの取り組みと似たようなものだと受け止められてしまい、沈黙の冷笑主義《シニシズム》の壁にぶち当たることになる。そのためトップが先頭に立ち、「違い」を表明することを広く受け入れ、サポートをしなければならない。創造性を高めてイノベーションを生み出せる組織にするためには、違いが必要であるということをはっきりさせなければならないのだ。同様に、「徹底的に正直であること（Radical honesty）」がコミュニケーション部門の問題になれば、いつもとちょっと違う形の混乱としか見てもらえそうにない。もし「特別な価値（Extra value）」が研修部門の権限の範囲とされてしまったら、これも失敗の運命をたどることになるだろう。「本物であることを（Authenticity）」を一種のブランディングの実習と見なして、マーケティング部門を前面に出す組織もある。彼らの犯した失敗は、本物であることは巧みなキャッチフレーズでつくり上げられると考えてしまったことだ。そんなことは決してできない。さらに、「意義（Meaning）」が社員のエンゲージメントを測るスコアを底上げすることに今後ずっと利用されてしまったら、組織は真の問題に対処することができなくなる。最後に、「シンプルなルール（Simple rules）」の作成を、法務やコンプライアンスの部門に任せてはいけない。彼らは問題を複雑にするように訓練されているのだから！

実行を後押しする

もうひとつの重要な成功要因は何か？　それは、成果に直結するものから始めるということだ。これは、伝統的な資本主義的企業だけでなく、公的機関や非営利組織にも当てはまる。また、DREAMSのすべての原則に一度に取り掛かることはほぼ不可能だということも明らかだ。では、どこから手をつけるか？　第1章で答えを出せていると思いたいのだが、決して、真の多様化につながらないような、特定のグループの存在感を高めるだけの「ダイバーシティへの取り組み」から始めてはいけない。私たちが「違い」に取り組まなければならない重要な理由は、むしろ、創造性とイノベーション能力を高める責務があるからだ。ノボ ノルディスクで「違い」が重視されているのも、この理由による。ノボ ノルディスクが求めているのは、糖尿病の世界を変えることで、それには創造性とイノベーションが必要だ。また、アラップにとっては、創造性とはまさに存在理由である。だからカルチャーの中に「違い」をこれほどまでにうまく植えつけることができたのだ。

もし今、ゴシップや噂話、否定的な話題が目立つカルチャーが生まれているなら、「徹底的に正直であること」を追求するべきだ。残念なことに、この症状は大きな組織で見られることが多い。組織に関する情報源で最もよく口にされるのはゴシップと噂話で、その次が労働組合ということが、ＢＢＣの社内調査で判明した。これに対してＢＢＣは、社員とのコミュニケーションの取り方を根本的に見直した。そして、今何が起こっているのかを、誰か他の人から社員の耳に入る前に、会社からきちんと伝えるという約束をした。コミュニケーションのチャネルを現代社会に合わせ、旧時代の遺物である社内広報誌への依存を大きく減らし、オンラインの即時コミュニケーションを活用するようにした。しかし、最近のスキャンダルによって、徹底的に正直であるべきもうひとつ別の理由が浮かび上がった。外から見た組織の印象が悪くなり、評価資本を毀損している場合だ。多くの金融サービス企業は、二〇〇八年の金融危機以降、まさにこの課題に直面している。オラフレックスやＶｉｏｘｘ〔いずれもリウマチ患者など向けの鎮痛剤〕のスキャンダルに対応したイーライリリーやメリックなどの製薬会社も同様だ。

これから説明する二つの症状のいずれかを経験しているのなら、「特別な価値」に取り組もう。ひとつ目の症状は、最も優秀な人材に働き続けてもらうことが難しくなったときだ。マーケティングサービスの会社であるチャイムの社長、クリス・サタースウェイトは「最も優秀な人材は、自分の与える価値が組織から受け取る価値よりも大きいと知ったときに、組織を去る」と言う。新興国のひっ迫した労働市場では、この問題がしばしば企業の命運を握る。インドのノボ ノルディスクや中国のＬＶＭＨを例にとると、個人の能力開発を通して価値を付加できることのほうが、単なる報奨金で人材を引きつけ、維持しようとするよりも、はるかに強力な手段になっている。

二つ目の症状は、組織内の流動性が低いことだ。言い換えると、同じ場所に居続ける社員は、仕事に行き詰まってしまう。まさにぴったりの例が、私たちが仕事を共にした製薬会社で起こっていた。時価総額でも、イノベーションの実績においても、世界最高レベルの製薬会社である。同社の「試験工場」の操業は満足のいくものだったが、この組織のカルチャーでは「満足がいく」レベルには達していないことは明らかだ。スタッフに面談すると、多くの社員が一〇年以上同じ仕事を続けていることがわかった。そこで私たちは、社内の流動性をもっと高めるように、簡単に言えば、社員に異なる仕事を与えるように提案した。一八カ月の間に、パフォーマンスは劇的に向上した。私たちはここではっきりとした教訓を得た。社員のパフォーマンスが満足できるレベルであっても、同じ役割に閉じ込めるのは必ずしも良くないということだ。小さな変化であっても、大きな効果をもたらしうるのだ。

組織が何を良いものとして支持しているのかがあいまいになっていたら、「本物であること」から着手するとよい。皮肉なことに、ミッションステートメントが何度も慌ただしく書き換えられているとしたら、そんな状況になっているというサインかもしれない。第4章で、ミッションステートメントをつくるパロディサイト「ディルバートによる自動ミッションステートメント生成プログラム」について触れたが、まるでそんなプロセスを強いられたかのように社員が感じている組織もある。しかし、本物になりたければ、必要なのは工夫を凝らしたキャッチフレーズではない。必要なのは、過去とのつながりや、目的の明確さと継続性、模範となるリーダーシップだ。BMWやノボ ノルディスク、ニューヨーク生命、ハイネケンなどの組織は、いわばこの試験を見事にパスした例と言えよう。

社員の貢献意欲のスコアが低く、「縦割り」のメンタリティがはびこる状況に直面していたら、「意義」について取り掛かるべきときだ。こうした症状は、仕事がどのように設計されたか、組織がどのように構築されたかについての情報を伝えてくれている。残念ながら、インターネットを活用して競争に勝つべく立ち上がったスタートアップであるにもかかわらず、単純労働と考える仕事を分けるテイラー・システムの亡霊が、仕事と組織設計の両方に影を差している会社もある。ただし、コミュニティ意識の喪失も、貢献意欲の低さの原因になりうる。最近のキャリアの特徴は流動性が高いことで、就職と独立の混ざった経歴を持っていることも多い。こうなると、企業コミュニティはばらばらになる。新しい技術によって、オンラインの仮想空間でのチームづくりが増え、顔を合わせた接触の機会が減るため、それが問題の一因にもなっている。ヘンリー・ミンツバーグが指摘したとおり、「実は、私たちが称賛する企業の一部は、概して強い共同体意識を持っている。例えばトヨタやセムコ（ブラジル）、モンドラゴン協同組合企業（スペイン・バスク州の労働者協同組合の集合体）、ピクサーなどだ[7]。

最後に、組織が複雑さの網にからめとられてしまったと思ったら、「シンプルなルール」から始めるとよい。仕事への制約が強すぎると社員が実際に感じており、「それは私の仕事の範囲を超えている」というカルチャーが蔓延している状況だ。すなわち、社員は自分の役割に課された最小限の要件を満たすだけで、自由な裁量は行使したくないと思っているのだ。この問題への対処は、何も新しいことではない。有名なジャック・ウェルチによるＧＥの大リストラや、サウスウエスト航空の復活を思い出してほしい。さらに最近では、ユニリーバが、ブランド・ポートフォリオの思い切った合理化を断行し、その結果、組織はスーパーブランドだけに集中できるようになった。それだけでなく、驚くような場所からも教訓を得ることができる。例えば、ムンバイの伝説的な「ダッバーワーラー」は、自転車や鉄道を使って、家庭で調理した食事を数千人のオフィスワーカーに届ける職業の人たちだ。彼らは、シンプルな指示書に忠実に従うことで、驚異的なサービスの記録を維持することができている（世界で最も人口が多い都市のひとつで、一日あたり一三万個の弁当箱を配達）。その指示書には、配達人がどこに配達するかを知るのに十分な情報だけが含まれている。デルタ航空は最近ボーディングパスのデザインを大幅に変更したが、その際にダッバーワーラーの手法を取り入れている[8]。

用心せよ《キャヴィア・エンプト》〔「買い物をする者は用心を心がけよ」を意味するラテン語〕

夢の組織を追って進む途中には、確かにレジリエンスや勇気、賢さが必要になるだろう。しかし、以下のポイントに注意していれば、イライラや幻滅を最小限に抑えることができる。

DREAMSの中のひとつの原則を追求すれば、他がうまくいかなくなることもある。ノボノルディスクはデンマークというルーツを誇りにしている。そしてそれは間違ってはいない。過去一〇年間に輝かしい成長を遂げたにもかかわらず、本社はコペンハーゲンに置いたままで、上級管理職の大多数がデンマーク国籍であるなど、基本的には今でも「デンマークの会社」だ。このようにルーツ（本物であること）にこだわると、「違い」を追うことが難しくなる。同社は、違いを追うことの価値を頭では問題なく理解しており、評価もしているが、会社のＤＮＡのせいで実行が困難になっている。彼らがデンマーク人で男性だということだけでなく、ある一定の思考スタイルが支配しているということだ。つまり、事実として、実行にはバイアスがかかるという思考スタイルである。

逆に、違いがありすぎる会社では、目的の共有という視点から見ると、固有の問題が生じることがある。また、シンプルなルールを守ろうとする試みがダメになることもある。例えば、高度に専門的な技術者たちがいても、彼らは地元へのこだわりが強く、それが価値観の共有や組織の結束の障害にすらなっていることがある。しかし、最悪の場合でも、複雑なマトリックス構造の組織であれば、彼らをその中にうまく収めることができる。これは、多くのナレッジベースの企業が、イノベーションを果たすために払わなければならない代価だ。このシステムは、マイクロソフトやシスコのような、現代の巨大テクノロジー企業にうまく当てはまる。また、美術館やオペラハウス、オートクチュールのメゾンのような、クリエイティブで文化的な企業にも当てはまる。

最後に、徹底的に正直であることを実践すると、一部の人にショックを与えてしまい、やる気と意義を失わせてしまうこともある。例えば、大銀行が評価資本の立て直しを試みた際に、サブプライムローンやロンドン銀行間取引金利（ＬＩＢＯＲ）スキャンダルで犯した自らの誤りを率直に認めたことによって、階層構造の末端で日常業務と格闘していたスタッフは、これまでの努力のすべてが意義を失ってしまったと感じたかもしれない。自分の知らない会社になってしまったと、彼らは感じるだろう。「こんなのは私の入った会社じゃない」と。

守れない約束はしない。「本物であること」をつくり出し、持続しようとしている組織であれば、正しいことをしようとすればコストが伴うことと、約束を守ろうとすれば必ず困難に直面することに気づくのは重要である。二〇一四年のＥＹの内部告発者の話は、問題を明らかにすることによって個人に犠牲が降りかかることを示した。それと同時に、ＥＹが組織として、いかに規制上の義務や明言した目的を順守するように求められているかも示した。この事件には、紛争鉱物である（問題のある環境で調達されたと伝えられている）金《きん》と、中東最大の金精錬会社であるカロティのサプライチェーンにおける組織慣行が関わっている。内部告発者はドバイ勤務のＥＹパートナーだったが、この事件が原因で辞任した。ＥＹは不正行為を否定しているが、この話がテレビのニュース番組に特集され、同社の約束には疑念がいだかれている[9]。

ＥＹの「より良い社会の構築を目指して」というミッションに込められた思いにはまったく偽りがなく、十分な支持も受けていた。イギリスで直接接していた経験からわかるのだが、代表パートナーもこの約束を力強く推進していた。しかし、多国籍の専門家からなる大きなサービス・ファームを管理するということは、潜在的な課題に常にさらされていることになる。

こうした障害は、決してＥＹだけのものではない。品質や倫理、有効性について、守れないと思われる約束を表明すれば、それができなくなる事態が必ず発生する。自動車メーカーや銀行、製薬会社について考えてみよう。どの業界でも、約束どおりに届けるということは、思ったよりも難しいということがわかる。

やりすぎない。カルチャーを変えようとする取り組みのほとんどが失敗することを、私たちは知っている。失敗の理由の多くは、目標が野心的すぎるためだ。厳しい現実として、カルチャーを「管理」することはできない。自分の力が及ばない要素もある。アメリカの本社から東京の子会社に出向しても、与えられたわずか三年の任期で、二〇〇〇年に及ぶ日本の歴史の流れを変えられるとは思えない。トップのビジネススクールの学部長になれば、教授たちの規範や慣習の多くを受け入れなければならなくなる。カルチャーのある特定の部分は、多かれ少なかれ与えられたものだ。

しかし、明らかにカルチャーは変わりうるし、実際に変わる。カルチャーは、望むと望まざるとにかかわらず、進化するものだ。そしてリーダーは、自分の行動を通してその進化に大きな影響を及ぼすことができる。このプロセスが実際に動いている様子は、オーナーが創業者であるスタートアップ企業で見ることができる。例えば、スーパーセルがそうであったように。基本的に、新たに生まれるカルチャーは、起業した人の行動によって形作られる。ジョンソン・エンド・ジョンソンのように、長く続いているすでに確立された企業の場合には、幹部がきちんと注意していれば、事業の継続的な成功を支えるような方向性で、社是の価値観を進化・発展させることができる。

カルチャーを「変容」させることも可能だ。しかし、あまりにも早いタイミングであまりにも多くのことを試みると、ほとんどの場合はうまくいかない。（すでに議論したように）方向性を絞ることと、そしてこちらのほうが決定的に重要だが、組織の根底にある決定的な特徴を基盤にすることによって、成功はもたらされる。あらゆる証拠がこれを示していて、この特徴によって初期の成功が説明できることも多い。これまで説明したとおり、長い年月は必要ない。アップルやグーグル、マイクロソフト、シスコなど、現代の巨大グローバル企業はすべて、比較的新しいにもかかわらず、強力なルーツを持っている。

以前の章で詳しく述べたとおり、ユニリーバのCEOであるポール・ポールマンは、二〇〇九年の着任以降、カルチャーをすっかり変容させたことで高い評価を得ている。彼は、自分が立てた目標を「大胆」と評する。会社の規模を二倍にし、一方でカーボンフットプリント〔原料調達から廃棄・リサイクルまでの商品の一生に排出される二酸化炭素量〕を半分にしようというのは、まさに大胆だ。彼は、現代からさかのぼり、同社のこの大胆な野心のルーツを探った。ユニリーバの創業は一九世紀。「正しいことをする」にかけては長い歴史を誇ると、ポールマンは言う。例えば、ウィリアム・リーバ（後のリーバヒューム卿）が創業したときには、イギリスにおける死亡原因は多くが不衛生によるものだった。「そこで、彼は固形石けんを発明したのです。金儲けが目的ではありませんでした。ビクトリア時代のイギリスでは、生まれた赤ん坊の二人にひとりが一歳まで生きられなかったからなのです。ユニリーバの価値観はこの事実によって確立されています。私たちはそれを基礎としなければなりません」とポールマンは語った。サプライチェーンを持続可能なものにするというのが、ユニリーバの最も新しい計画だ。ポールマンは、計画のスタート前に、この新しい取り組みと組織の歴史的な価値観とを結びつけていたのだ。このプロジェクトの開始時には「持続可能な方法で調達される原料はたった一〇%だったが、簡単には達成できない新たな目標を掲げてからわずか一年後の現在、すでに二四%を持続可能な方法で調達している」[10]。大胆だろうか？　そのとおり。過去とつながっているか？　間違いない。

一方、ゲーム会社のスーパーセルは、たとえサンフランシスコ、ソウル、東京に新たにオフィスを開設しても、組織として背伸びをしすぎないように、これまでのところはなんとか気をつけてきた。「成功すればするほど、色々なことが難しくなる」と、創設者兼ＣＥＯであるイルッカ・パーナネンは私たちに漏らした。「コミュニケーションも難しくなるし、カルチャーを保つにいたっては難題です」。そして、難しい選択をしなければならなくなるときが来るのは避けられない。「会社に合わない人がいれば、サヨナラを言わなければなりません。プロジェクトが質的な基準を満たさなければ、打ち切らなければならないでしょう」。また、会社は、取締役会や外部からの、成長を求める大きな圧力に抵抗してきたとも語った。パーナネンの判断によると、求められる成長のスピードが速すぎるという。「我が社のブランドを、映画やアミューズメントパークなどに使いたいというオファーは始終受けています。それに対しては『ノー』と言わなければなりません」

夢を規制できるか？

二〇〇八年の金融危機は、たちまち一九二九年の大恐慌以来最大の経済危機となった。それ以降、私たちの組織生活についてもっと立ち入った規制を求める声が、強く頻繁になった。銀行システムを弁護する人は、そのような規制をするとイノベーションを妨げ、最終的には世界的な流動性を減じてしまうと論じる。古いスタイルのコーポラティズム〔協調主義・協同主義〕の信奉者たちは、みんな同じように力を込めて、企業が自らを規制するとは考えられないと論じ、政府によるさらに強力な管理の仕組みを要求している。

私たちの見解は、「良い」規制には明確な目的があり、社会的な状況にふさわしいというものだ。これについては、指摘すべきもっと基本的なポイントがある。市場は決して社会的状況から逃れられないということだ。有効に機能するために、市場は、デュルケームが「契約の非契約的要素」と呼ぶもの、つまり社会的・経済的関係を支持する一連の暗黙の前提に支えられている。

私たちが話しているのがグローバルな資本主義体制についてだとしても、資本主義には多くの形態があることもまた確かである。英米版の資本主義と、現在かなりうまくいっている北欧版や、国家資本主義の性質を持つシンガポール版の違いについて考えてみよう。その経済組織が基盤を置く社会の状況を考慮しないのは、あまりにも考えが甘い。したがって、本書で示した持続的な事例の多く、例えばノボ ノルディスクやアラップ、スーパーセルが「信頼度の高い」北欧社会の中にあることから、そうした社会では官僚主義が最もうまく機能するのだろうという考えに至るのは、おそらく驚くにあたらない。

夢の組織（DREAMS）のその他の原則について、ルールを制定することにも問題がある。第1章ですでに議論したとおり、多様性に関するルール集をつくっても、例えば創造性やイノベーションを生み出すのに必要な、基本的なタイプの「違い」を保証するものにはならない。同様に、情報開示に関するルールは正直であることを保証しないし、機会均等法が平等を生むとも限らない。ルールにできる精一杯のことは、当事者が協調して優れた組織を生み出せるような状況をつくることだけである。

本書執筆のための調査をしている時期に、私たちはアメリカのヘッジファンドのマネジャーたちの会議に出席した。二〇〇八年の金融危機のおよそ一年後のことだった。会議に出席しているのは非常に頭の良い人たちばかりで、どうすれば規制当局を打ち負かせるかを考え出そうとしていた。どれほど複雑で立ち入った規制であっても、彼らはそれを回避する道を探し出すということに、私たちはすぐさま衝撃を受けた。

興味深く観察していてわかったことは、強制された規制は逸脱行為を生むだけということだった。人間というものは、ルールを破る、あるいは曲げるという驚くべき能力を備えている。学校や工場、病院、刑務所、大学を対象とした社会学的研究では、個人またはグループには、ルール体系を不公平または強制されたと感じると、それをすり抜ける能力があることが立証された。そのような規制は機能しない。良い規制とは、背景の状況に適合し、信頼の上に成り立つものだ。

次の「終わりに」の章では、DREAMSの各原則がどのようにして特徴的な要素を提供し、それがパフォーマンスの高い組織を育てるかを見ていく。もし私たちが困難な経済状況を切り抜けようとしているのであれば、これは極めて重要なポイントである。社員というものは、受身の姿勢で組織生活を過ごしている存在だと見なされることがある。私たちは読者のみなさんに、個人が自分に選択権があると感じ、その選択によって最高の仕事をすることができ、それを誇れるようになると思える、そんな組織を構築してほしいと思っている。

終わりに　さらに本物の組織を目指して

本書を書くための研究を始めるにあたって、自分の描く夢の組織がどんなものかを説明してほしいと多くの人々に依頼した。「本物」と思える場所、最高の自分を出せる場所はどんなところかという問いに答えてもらった。これまでの章で、こうして出てきた理想の組織の原則をまとめ、一部の職場ではどのようにして夢の原則を実現し、まだ途上にいる他の人々を触発しているかを示してきた。

夢（DREAMS）の各原則は、それぞれに特徴のある利益をもたらす。

社員が自由にありのままでいられる組織は、個人の「**違い**」を受け入れるだけでなく、それを高く評価することも多い。これは簡単にできることではない。組織というものには、公式な仕組みだけでなく、そこで働く人々に型にはまることを強いるような、もっととらえにくい非公式なプロセスも組み込まれている。多様性への対処は簡単なことではない。忍耐と寛容な心、起こり得る衝突に進んで対応しようとする気持ちが必要だ。しかし大きな見返りもある。**社員がありのままでいられれば、責任感が生まれ、創造性が育つ。**ウェイトローズの店舗で働く労働者たちが、自分たちの仕事についてどう感じていたかを覚えているだろうか？　アラップは、想像以上のことを生み出せる同社の能力をさらに高める方法として、どのようにして「型にはまらない」人材を探していただろうか？

近頃では、「**徹底的に正直であること**」を選ばないという余地はあまりない。ソーシャルメディアの世界と、都合よく解釈が加えられることにうんざりしている労働者の両方が、隠し立てをしないよう求めてくる。加えて、組織内でも情報の素早い共有が求められており、規制当局は透明性を求める。そのいずれもが、さらに強いプレッシャーをかけてくる。しかし、「徹底的に正直であること」の特徴は、先手を打ってスピーディーに率直な対応ができることだ。そしてここでもまた、特有のメリットがある。それは、**何が起こっているかを理解・認識しやすくなる**ということだ。なぜ物事が今の状態なのか、あるいはなぜ変わらなければならないのかを、説明できるようになる。コミュニケーションがないために身動きが取れなくなっている人は、現状も、新たなやり方も、受け入れることができないだろう。ノボ ノルディスクを思い出してみよう。すべてのニュースが耳に心地よいわけではない。しかし、事前に情報共有できるようにしてあれば、良い状況であっても悪い状況であっても、それぞれの社員がその意味を理解できるようになる。

強みを伸ばすことのメリットは、人材が育つことだ。人的資本を築けば、人から価値を搾り取るのではなく、人に「**特別な価値**」を付加することになる。専門的な職業や、最先端のナレッジベースの組織で働くエリートを処遇するのであれば、この方程式に疑いの余地はないと思われる。しかしそのケースに限らず、さまざまな方法で、多くの人に、価値を付加することができる。マクドナルドは、作業プロセスや賃金水準では批判されるかもしれないが、最前線の労働者の研修に対する投資については模範的だ。ロンドンオリンピック・パラリンピック組織委員会（LOCOG）のボランティアたちは、このチャンスによって能力を高めることができ、その結果、ロンドンに来た人たちの体験の質を全体として高めることができた。

「本物であること」を育てる組織は、自分が何を良しとしているかを把握している。アイデンティティとルーツ、価値観、リーダーシップの観点から見ると、他とは明らかに異なっている。彼らは、信じるべき理由をきちんと提示する。また、手っ取り早い策を取るという誘惑に負けたり、ミッションステートメントを次々とつくったり、つくり直したりはしそうにない。彼らには「株主価値」を超える目的がある。**ニューヨーク生命のような本物の組織で働く人は、自分の仕事に誇りを持っている。**しかし、主な前向きの要素はおそらく信頼だ。信頼は、育むには長い時間がかかるが、壊れるのは簡単だ。

仕事に意義があると思えると、人は目的意識を感じる。彼らは自分の仕事に固有の「**意義**」を見出すことができる。自分の仕事と他者の仕事のつながり方、さらには自分が雇用されている広い職場のコミュニティへのつながり方から、彼らは意義を見出すのだ。最終的には、自分の仕事をより全体的な大義へとつなげることもできる。ＢＭＷのエンジニアは、自分が仕事をする理由を知っている。あなたはどうだろうか？

最後に、そしておそらくは逆説的だが、**シンプルなルールをつくる組織は、自由を得るために必要な条件をつくっていると言える**。これまでに指摘したとおり、これは無政府状態ではない。ルールそのものを避けることはできない。肝心なのは、公正で明確で、実行可能なルールにすることだ。そうすれば、全員に有益な方法で、裁量権と行動する自由を最大限に広げられる。ハウス・オブ・セントバーナバスの理想主義や、「個人は正しいことをするものだ」というネットフリックスの信念を覚えているだろうか？

責任感や創造性、理解、個人の能力開発、信頼、目的、自由など、こうしたメリットをひとつにまとめれば、職場におけるエンゲージメントを支える基礎ができあがる。そして、その意欲と仕事のパフォーマンスには相互に関連があることを、私たちは知っている。

夢の組織は、パフォーマンスが高い組織でもある。

しかし当面は、エンゲージメントを、組織にはびこる病に効く万能薬だとは思わないでほしい。

社員の自由裁量による努力を増やそうとする表面的な試みが、またひとつ増えただけと見なされるかもしれない。もしエンゲージメントが本当に大きな変化を生むのであれば、それは私たちが組織の中で過ごすことの意味を、もっと根本的に問い直すことに結びついていなければならない。組織は、どのような形であっても、生活と社会の健全性を決める重要な要素であるというのが、私たちが本書で述べたいことだ。社会学者のアミタイ・エツィオーニは、組織がどれほど物事の中心にあるのかを、次のようにとらえている。

私たちは組織の中で生まれ、組織による教育を受け、ほとんどは人生の多くの時間を組織の中で働いて過ごす。自由時間の多くを、組織の中でお金を払い、遊び、祈ることに費やす。ほとんどの人は組織の中で死に、埋葬のときが来れば、中でも最大の組織である国による正式な許可をもらわなければならない。[1]

エツィオーニの洞察から判断すると、組織での生活がダメになれば、個人の生活もダメになってしまう。組織について問い直すということは、利益や効率、有効性に限った話ではない。良い社会の処方箋をつくるということだ。私たちの調査の回答者たちが求めていたものは、自分がありのままでいられ、真実を知ることができ、成長し、目的を信じることができ、それを追求する自由が与えられている組織だった。本書では、この方向に極めて大きな前進を遂げている組織の例をいくつか報告してきた。しかし、持って生まれた気質と受けてきた教育の両方のせいで、私たち二人には悲観的になりやすい傾向がある。「資本主義を根本的につくり変える」と「官僚主義に抵抗する」というこの一対の難題は、途方もなく大きな仕事だろう。そしてもちろん、多くの人には属する組織から受ける制約がある。これについては、選択肢はないように思われる。おそらく、私たちの社会生活の多くの側面と同じように、選択、機会、制約の側面がすべて関わっているのだろう。そして、選択の自由を行使したいという人がますます増えているとだけ述べておく。

それでも、本書を書き終えるにあたって、私たちは最後にもう一度インタビューのメモを見てみた。以下に記すのは、自分の仕事と組織について、回答者が語ったことである。

私はこのスーパーマーケットを誇りに思っています。人々が欲しいと思った食料品をちゃんと買えるように、できることはすべてしてします。それに、お客様も、時には新しいものを試してみますからね！（ウェイトローズ、課長、イギリス）

私たちは、世界最大級の企業のシステムを運用しています。障害発生の危険があるときには、エンジニアたちは物事がストップしないようにあらゆる手を尽くします。エキサイティングだし、順調ですよ。（シスコ、エンジニアリング担当副社長、カリフォルニア）

私たちは、世界で最高の車をつくるために、本当に一生懸命働いています。私は6シリーズが完成して製造ラインを離れるところを見るのが大好きです。誰かがこのクルマで、自分の人生のドライブに繰り出すことがわかっているからです！（ＢＭＷ、生産ライン労働者、ドイツ）

私たちは、最高水準の仕事をするために、あらゆる手立てを尽くします。私がすることすべてに、仕事として完璧であろうと努めています。（ＰｗＣ、監査パートナー、ロンドン）

ユニリーバに長く勤めた者として、企業目的の一行目の文言を常に振り返るようにしています。「ユニリーバは、あらゆる場所の人々の、日々のニーズを満たすために存在する」。これを読むと、人間として経験を共有することの本当の意味を知るのです。（ユニリーバ、上級マーケター、インド）

この病院は、患者の治療にとって最高のものは何でも、良いものとして支持しています。スタッフは思いやりがあり、専門家でもある。このような高潔な目的を持つ組織で働くことは、ひたすらに喜びです。（病院管理責任者、ボストン）

ここに挙げた人たち全員が、ひとつの難しい質問に答えているように思える。さあ、今度はあなたの番だ。自分が属する組織をよく見て、とても大切なこの質問を尋ねてみよう。なぜここで働かなければならないのか？

本書の調査方法および診断ツールについて

この本のために行った調査では、インタビューと企業でのワークショップを実施し、コンサルティングの現場で観察してデータを収集した。私たちが関わり、データを集めた企業はすべて、「謝辞」のページに名前を記している。

定量的データとモデリングの技術は経済学から生まれたものであるが、多くの社会科学がこれらを信頼する傾向をこれまで示してきた。しかし、私たちは社会学者として、やや異なる伝統の中で育っている。大切なスキルは観察と傾聴だと教えられた。その結果、私たちは二人とも取りつかれたようにメモを取る！　したがって、本書の事例の多くは、直接観察や公式・非公式のインタビュー、そして組織と協働する際に取った多くのメモから引いたものだ。こうした方法には、実社会の創造と再創造には個人や集団が重要な役割を果たすという理論的な背景がある。

私たちは診断ツールも開発した。当初は単に質問が並んだチェックリストだった。この形式は、私たちの以前の論文「Creating the Best Workplace on Earth（世界最高の職場をつくる）」で使ったものだ。本書に掲載するために、質問のいくつかを編集した。また、自分の組織についてもう少し生き生きとした像が書けるように、1から5までのスケール評価を使うことにした。

次の問いを念頭に置きながら、診断に取り組んでほしい。

どの点が、自分の最大の強みだと感じられるか？

改善が必要なのはどこか？

どこから始めるべきか？

矛盾が生じたとき、どうやって折り合いをつけるか？

謝辞

私たちは二つの主なテーマについて、ほぼ三〇年にわたって研究を重ねてきた。組織カルチャーとリーダーシップである。前者への関心は、古いタイプの結びつける力（構造、階層構造、キャリア）が弱くなり、カルチャーの重要性が増しているという観察結果から生まれた。後者への関心は、主にリーダーシップ研究への心理学的アプローチに対する大きな不満から生まれたものである。

私たちは、この二つの領域の両方に、もっとはっきりと社会学的な観点を持ち込む試みを続けてきた。他者との関係という側面に注目し、それまで自己認識という観点で語られることが多かったリーダーシップを、「本物であること《オーセンティシティ》」という考え方から捉え直した。

私たちは、実務上と研究上の両方の目的で、組織との関与を続けてきた。最も広く読まれている私たちの論文二本のタイトルにもなった二つの重要な疑問が、この活動の原動力になっている。ひとつ目は、「現代の企業をまとめるものは何か？（What Holds the Modern Company Together?）」で、一九九八年に著書『企業の特性（*The Character of a Corporation*）』となった。二つ目は、「なぜ、あなたがリーダーなのか？（Why Should Anyone Be Led by You?）」で、後に同じタイトルの書籍になった。

さらに最近では、知識集約型の企業におけるリーダーシップという少し特殊な課題にも興味を抱くようになり、このテーマについて「有能な部下を率いる（Leading Clever People）」という論文を書き、これも後に書籍『有能であること（*Clever*）』になっている。

これらの出版物を結びつけるものは、「本物の」リーダーになるために必要なものに対する、私たちの絶えざる興味だ。しかしあるとき、何人かの企業幹部が私たちにこう説明した。本物の組織で働いていると実感できれば、私たちも本物のリーダーとしての行動をとる、と。その瞬間、私たちは必然的に本書のタイトルである三つ目の疑問に取り組まざるを得なくなった。「なぜここで働かなければならないのか？」

私たちは、世界中のさまざまな組織に属する何百人という人々に、この質問を投げかけた。彼らは自分の時間を割いて、私たちと話をし、アンケートに記入し、ワークショップで私たちと協働し、私たちがケーススタディーを構築することを助けてくれた。私たちはその寛大さと思いやりに心の底から感謝している。彼らの助力なしに、本書を書き上げることはできなかっただろう。中でも特に次の組織に感謝を申し述べたい。アラップ、ロンドンオリンピック・パラリンピック組織委員会、ニューヨーク生命、ベスタガード・フランドセン、ハイネケン、A・T・カーニー、LVMH、ウェイトローズ、ノボ ノルディスク、アーンスト・アンド・ヤング、マクドナルド、ハウス・オブ・セントバーナバス、バークレイズ、サムスン、ソナエ、メディカバー、スーパーセル、ユニリーバ、クレディ・スイス、ロシュ、ネスレの各社である。

いつものとおり、ロンドン・ビジネス・スクールとマドリードのIEビジネス・スクールの同僚と幹部のみなさんには、練り上げる過程にあるアイデアを、しっかりと鍛えていただいた。ハーバード・ビジネス・レビュー・プレス社では、元の論文「世界最高の職場をつくる(Creating the Best Workplace on Earth)」を、情熱的かつ献身的に編集してくれたアンドレア・オバンスに感謝を述べたい。長年にわたり私たちの本の編集者を務めてくれているジェフ・キーホーも、いつもどおり、容赦ないほど鋭く、思慮深く、私たちの支えになってくれた。リズ・ボールドウィンとサリー・アシュワースは、創造的エネルギーの塊であり、いつも楽しい人たちだ。ルーシー・マコーリーは、私たちが言葉とアイデアをつむぐ手助けを熱心にしてくれた。パメラ・マッキンタイヤーは、複数の原稿をきちんと整理し、気分が変わりやすく、ひとつのことにこだわりやすい私たちを寛大に扱い、私たちが内容について議論するのを根気強く聞いてくれた。

集中して執筆とフィールドワークを行う時期に今ではすっかり慣れてしまった私たちの家族も、いつものとおり、継続的に私たちを支えてくれた。

5. Alvin W. Gouldner, *Patterns of Industrial Bureaucracy* (New York: Free Press 1954).（『産業における官僚制――組織過程と緊張の研究』アルビン・W. ゴールドナー著，岡本秀昭，塩原勉訳，ダイヤモンド社，1963年）
6. "Hewlett-Packard Rethinks Itself," *Business Week*, April 1, 1991.
7. Talcott Parsons, *The Social System* (New York: Free Press 1951).（『社会体系論』タルコット・パーソンズ著，佐藤勉訳，青木書店，1974年）
8. W. Ong, *Orality and Literacy*, 2nd ed. (New York: Routledge, 2002).（『声の文化と文字の文化』W. オング著，林正寛，糟谷啓介，桜井直文訳，藤原書店，1991年）
9. "BBC Accused of Snouts-in-the-Trough Culture over Managers' Payoffs," *The Guardian*, July 10, 2013, http://www.theguardian.com/media/2013/jul/10/bbc-accused-snouts-trough-payouts-mps; and "BBC Boss Accused of Presiding over 'Corporate Fraud and Cronyism' Quits," *The Guardian*, August 29, 2013, https://www.theguardian.com/media/2013/aug/29/bbc-human-resources-quits-lucy-adams.
10. Adam Bryant, "In a Corporate Culture, It's a Gift to Be Simple," *New York Times*, November 22, 2013, B2.
11. Adam Bryant, "Intellectual Honesty Is the Best Policy," *New York Times*, March 28, 2014, B2.

第7章

1. Kathleen M. Eisenhardt and Donald Sull, "Strategy as Simple Rules," *Harvard Business Review*, January 2001.
2. Zoë Corbyn, "Is San Francisco Losing Its Soul?" *The Guardian*, February 23, 2014, http://www.theguardian.com/world/2014/feb/23/is-san-francisco-losing-its-soul.
3. スーパーセル企業サイト：http://supercell.com/en/.
4. バークレイズ「目的と価値」: www.barciays.com/about-barclays/barclays-values.html.
5. フィル・モーガンとゲーリー・シンガーのインタビューと同社の出版物『The A.T. Kearney Story（A. T. カーニー・ストーリー）』（2014年11月）に基づく．
6. https://www.atkearney.com/about-us/our-story/a.t.-kearney-story.
7. Henry Mintzberg, "Rebuilding Companies as Communities," *Harvard Business Review*, July–August 2009.
8. Stefan Thomke, "Mumbai's Models of Service Excellence," *Harvard Business Review*, November 2012.
9. Simon Bowers, Guy Grandjean, Phil Maynard, and Alex Purcell, "EYWhistleblower Speaks Out on Conflict Gold Risks," *The Guardian*, February 25, 2014.
10. "Captain Planet," *Harvard Business Review*, June 2012.

終わりに

1. Amitai Etzioni, *Modern Organizations* (Princeton, NJ: Prentice-Hall, 1964).

5. Theo Nichols, *Living with Capitalism* (London: Routledge and Kegan Paul, 1977), 16.

6. Donald Roy, "Quota Restriction and Goldbricking in a Machine Shop," *American Journal of Sociology* 57 (1952): 427-442; Donald Roy, "Efficiency and 'The Fix': Informal Intergroup Relations in a Piecework Machine Shop," *American Journal of Sociology* 60, no. 3 (1954).

7. Donald Roy, "'Banana Time': Job Satisfaction and Informal Interaction," *Human Organization*, 18, no. 4 (1959): 158-168.

8. Miklos Haraszti, *Worker in a Worker's State* (London: Penguin, 1977).

9. Dov Seidman, *How: Why How We Do Anything Means Everything* (Hoboken, NJ: Wiley, 2007).（『人として正しいことを』ダヴ・シードマン著，近藤隆文訳，海と月社，2013 年）

10. Charles Handy, *The Age of Unreason* (Boston: Harvard Business School Press, 1990)（『ビジネスマン価値逆転の時代――組織とライフスタイル創り直せ』チャールズ・ハンディ著，平野勇夫訳，阪急コミュニケーションズ，1994 年）

11. Richard Sennett, *The Corrosion of Character* (New York: W. W. Norton, 1998), 148.（『それでも新資本主義についていくか――アメリカ型経営と個人の衝突』リチャード・セネット，斎藤秀正訳，ダイヤモンド社，1999 年）

12. Rob Goffee and Gareth Jones, *The Character of a Corporation* (New York: HarperCollins, 1998).

13. 同上

14. Thomas J. Peters and Robert H. Waterman Jr., *In Search of Excellence* (New York: Harper & Row, 1982).（『エクセレント・カンパニー』トム・ピーターズ，ロバート・ウォータマン著）

15. John Kay, *Obliquity* (New York: Penguin, 2010).（『想定外――なぜ物事は思わぬところでうまくいくのか』ジョン・ケイ著，青木高夫訳，ディスカヴァー・トゥエンティワン，2012 年）

16. Alexander Solzhenitsyn, *One Day in the Life of Ivan Denisovich*, trans. Ralph Parker (New York: Signet Classics, 1962).（『イワン・デニーソヴィチの一日』アレクサンドル・ソルジェニーツィン著，染谷茂訳，岩波文庫，1971 年）

17. Rob Goffee and Gareth Jones, "The Olympics' Greatest Feat: An Unpaid, Highly Engaged Workforce," *Harvard Business Review*, HBR Blog Network, August 8, 2012, https://hbr.org/2012/08/unpaid-and-highly- engaged-the.

第 6 章

1. Simon Collinson and Melvin Jay, "Complexity Kills Profits," *European Business Review*, November 24, 2011, http://www.europeanbusinessreview.com/?p=3105.

2. 1970 年 7 月 9 日の基調演説は，企業バイブルとしてアラップ内部の人たちに広く支持されている．http://publications.arup.com/Publications/O/Ove_Arups_Key_Speech.aspx.

3. Patty McCord, "How Netflix Reinvented HR," *Harvard Business Review*, January–February 2014.

4. Zhang Ruimin, "Raising Haier," *Harvard Business Review*, February 2007.

15. Adam Bryant, "Corner Office: Sometimes, You Can Have the Cake and Eat It, Too," *New York Times*, September 8, 2013, Sunday Business, 2.

16. Zhang Ruimin, "Raising Haier," *Harvard Business Review*, February 2007.

第4章

1. ナンシー・ラブリンの記事内の引用より．Nancy Lublin, "How to Write a Mission Statement That Isn't Dumb," *Fast Company*, November 2009, http://www.fastcompany.com/1400930/how-write-mission-statement-isnt-dumb.

2. Thomas J. Peters and Robert H. Waterman Jr., *In Search of Excellence* (New York: Harper & Row, 1982).（『エクセレント・カンパニー』トム・ピーターズ，ロバート・ウォータマン著）

3. ニューヨーク生命内部文書より．

4. *BBC News Magazine* online, February 18, 2013.

5. "Manchester United agree new £750million sponsorship deal with Adidas," *Telegraph Sport* online, July 14, 2014, http://www.telegraph.co.uk/sport/football/teams/manchester-united/10966026/Manchester-United-agreenew-750million-sponsorship-deal-with-Adidas.html.

6. Rob Goffee and Gareth Jones, *The Character of a Corporation*, 2nd ed. (London: Profile Books, 2003), 73.

7. Peter Foster, "Gree Electric's Dong Mingzhu: Why China's Leading Businesswoman Doesn't Do Holidays," *The Telegraph*, August 24, 2009; Didi Kirsten Tatlow, "Setting the Pace with Toughness," *New York Times*, January 26, 2011.

8. C. Wright Mills, *The Sociological Imagination* (Oxford, UK: Oxford University Press, 1959)（『社会学的想像力』C・ライト・ミルズ著，鈴木広訳，紀伊國屋書店，1995年）

第5章

1. 1970年7月9日の基調演説は，企業バイブルとしてアラップ内部の人たちに広く支持されている．http://publications.arup.com/publications/o/ove_arups_key_speech.

2. Studs Terkel, *Working* (New York: Pantheon, 1974).（『仕事（ワーキング）！』スタッズ・ターケル著，中山容訳，原書房，2010年）

3. この研究は，マズローやハーズバーグなどの初期のモチベーション理論家から，現代のエンゲージメントや創造性への興味にいたるまで幅が広い．古典的な社会学の伝統をレビューするのであれば，Mike Rose, *Industrial Behaviour*, 2nd ed. (Harmondsworth, UK: Penguin, 1988) を参照のこと．より近年の創造性に興味がある場合は，Teresa M. Amibele and Steven J. Kramer, *The Progress Principle* (Boston: Harvard Business Review Press, 2011) を，エンゲージメントについては，Christopher Rice, Fraser Marlow, and Mary Ann Masarech, *The Engagement Equation* (Hoboken, NJ: Wiley, 2012) を参照のこと．

4. アラン・ド・ボトンによるインベステック社での講演，インベステック社のウェブサイト（日付なし）．また，彼の著書も参照のこと．Alain de Botton, *The Pleasures and Sorrows of Work* (New York: Vintage Books, 2010).

第3章

1. John Purcell, *Understanding the People and Performance Link* (London: CIPD Publishing, 2003).
2. Alan Fox, *Beyond Contract: Work, Power and Trust Relations* (London: Faber and Faber, 1974).
3. R. Strack, J. M. Caye, C. Linden, H. Quiros, and P. Haen, "From Capability to Profitability: Realizing the Value of People Management," *BCG Perspectives*, August 2012.
4. Frederick Winslow Taylor, *The Principles of Scientific Management* (New York: Harper & Bros., 1911).（『科学的管理法』フレデリック W. テイラー著，有賀裕子訳，ダイヤモンド社，2009 年）
5. Donald Roy, "Quota Restriction and Goldbricking in a Machine Shop," *American Journal of Sociology* 57, no. 5 (1952).
6. Adolf Berle and Gardiner Means, *The Modern Corporation and Private Property* (Piscataway, NJ: Transaction Publishers, 1932).（『現代株式会社と私有財産』アドルフ・バーリ，ガーディナー・ミーンズ著，森杲訳，北海道大学出版会，2014 年）
7. "How Long Does the Average Share Last? Just 22 Seconds," *The Telegraph*, January 18, 2012, http://www.telegraph.co.uk/finance/personalfinance/investing/9021946/How-long-does-the-average-share-holding-last-Just-22-seconds.html.
8. Michael Lewis, *Flash Boys: A Wall Street Revolt* (New York: W. W. Norton, 2014).（『フラッシュ・ボーイズ――10 億分の 1 秒の男たち』マイケル・ルイス著，渡会圭子，東江一紀訳，文藝春秋，2014 年）
9. Dominic Rushe, "Over 100 Arrested Near McDonald's Headquarters in Protest over Low Pay," *The Guardian*, May 21, 2014; "Notice of 2014 Annual Shareholders' Meeting and Proxy Statement," McDonald's Corporation, http://www.aboutmcdonalds.com/content/dam/AboutMcDonalds/Investors/2014%20Proxy_Web%20Version.PDF (Proxy, p. 26). マクドナルドの立場は，（大部分を占める）中小企業のオーナーへの影響を扱いやすくできるように，最低賃金は時間をかけて上げるべきであるというもの．
10. J. W. Hunt, *Managing People at Work*, 2nd ed. (London: McGraw-Hill, 1986).
11. G. Becker, *Human Capital*, 3rd ed. (Chicago: University of Chicago Press, 1993).（『人的資本――教育を中心とした理論的・経験的分析』G. ベッカー著，佐野陽子訳，東洋経済新報社，1976 年）
12. この概念については，ピエール・ブルデューの *Distinction: A Social Critique of the Judgment of Taste* (Cambridge, MA: Harvard University Press, 1984)（『ディスタンクシオン――社会的判断力批判（1・2）』石井 洋二郎訳，藤原書店，1990 年）で最も明確に説明されている．
13. Zoë Corbyn, "Is San Francisco Losing Its Soul?" *The Guardian*, February 23, 2014, https://www.theguardian.com/world/2014/feb/23/is-san-francisco-losing-its-soul.
14. Caille Millner, "Why We're Invisible to Google Bus Riders," *San Francisco Chronicle*, April 26, 2013.

2. Reported in http://en.wikipedia.org/wiki/Reactions_to_the_Deepwater_Horizon_oil_spill, referencing Tim Webb, "BP Boss Admits Job on the Line over Gulf Oil Spill," *The Guardian* (London), May 13, 2010.
3. Kirsten Korosec, "BP and the Oil Spill: What Tony Hayward Is Telling His Employees," *CBSNews.com*, CBS Moneywatch, May 20, 2010, http://www.cbsnews.com/news/bp-and-the-oil-spill-what-ceo-tony-hayward-is-tellinghis-employees/.
4. 同上
5. Eric Schmidt and Jonathan Rosenberg, *How Google Works* (New York: Grand Central Publishing, 2014),175-176.（『How Google Works（ハウ・グーグル・ワークス）』エリック・シュミット，ジョナサン・ローゼンバーグ著）
6. Edelman Trust Barometer Annual Global Study, 2014. この調査によると、信頼レベルは歴代で最低.
7. Sean Poulter, "Tesco Rapped over Misleading Horsemeat Ad: Supermarket Accused of Trying to Fool Customers by Spreading Blame for Scandal," *DailyMail.com*, September 3, 2013, http://www.dailymail.co.uk/news/article-2410618/Tescos-misleading-horsemeat-ad-Supermarket-accusedtrying-pass-blame.html.
8. Jürgen Habermas, *The Theory of Communicative Action*, Vol. 1, trans. Thomas McCarthy (Boston: Beacon Press, 1984).
9. David Runciman, *Political Hypocrisy* (Princeton, NJ: Princeton University Press, 2008); Niccolò Machiavelli, *The Prince* (London: Penguin, 1961).（『君主論』ニッコロ・マキアヴェリ著，池田廉訳，中央公論新社，2002年）
10. イギリスでの法人税規則を強化する試みは，「グーグル税」として知られるようになっている.
11. さまざまな出典があるが，特に以下を参照した．"MPs Attack Amazon, Google and Starbucks Over Tax Avoidance," *The Guardian*, December 3, 2012.
12. "Starbucks to Pay £20 Million in Tax over Next Two Years after Customer Revolt," *The Guardian*, December 6, 2012.
13. 詳細は，ウィキペディアおよび以下を含むその他のウェブサイトから．Ben Brumfield and Holly Yan, "MH370 Report: Mixed Messages Ate Up Time Before Official Search Initiated," CNN.com, May 2, 2014, http://www.cnn.com/2014/05/01/world/asia/malaysia-airlines-plane-report/.
14. "MH370 Report: Mixed Messages Ate Up Time before Official Search Initiated," CNN.com, http://www.cnn.com/2014/05/01/world/asia/malaysiaairlines-plane-report/.
15. マレーシアのリオ・ティオン・ライ運輸大臣の声明「MH370はマレーシア政府の最優先事項であり続ける」，Minister of Transport, Malaysia, August 9, 2014, http://www.malaysiaairlines.com/mh370.
16. Rob Goffee and Gareth Jones, *Clever*, Jay R. Galbraith, *Designing Complex Organizations* (Reading, MA: Addison-Wesley, 1973).
17. Maria Halkias, "Rock-Solid Turnaround," *New York Times*, September 8, 2013, D1.

2. Anthony Giddens, *Emile Durkheim: Selected Writings* (Cambridge, UK: Cambridge University Press, 1972), 8.
3. George Homans, *The Human Group* (London: Routledge and Kegan Paul, 1951).（『ヒューマン・グループ』G. C. ホーマンズ著，馬場明男・早川浩一訳，誠信書房，1959 年）
4. Rob Goffee and Richard Scase, "Proprietorial Control in Family Firms: Some Function of Quasi-Organic Management Systems," *Journal of Management Studies* 22, no. 1 (1985).
5. Thomas J. Peters and Robert H. Waterman Jr., *In Search of Excellence* (New York: Harper & Row, 1982).（『エクセレント・カンパニー』トム・ピーターズ，ロバート・ウォータマン著，大前研一訳，英治出版，2003 年）
6. Walker Review of Corporate Governance on the UK Banking Industry, 2009.
7. Alan Fox, *Beyond Contract: Work, Power and Trust Relations* (London: Faber and Faber, 1974).
8. Rob Goffee and Gareth Jones, "Why Boards Go Wrong," *Management Today*, September 2011.
9. Homans, *The Human Group*, 115.（『ヒューマン・グループ』G. C. ホーマンズ著）
10. Research by Dan Cable, London Business School; Daniel M. Cable and Virginia S. Kay, "Striving for Self-Verification during Organizational Entry," *Academy of Management Journal* 55, no. 2 (April 2012): 360-380.
11. この診断ツールの設問は，当初は面接プロセスの一部として非公式に使用していたものである．これを，チェックボックスつきのシンプルなアンケートに発展させ，回答者には当てはまる文にチェックを入れるように依頼した．以前に発表した論文「Creating the Best Workplace on Earth（世界最高の職場をつくる）」（*Harvard Business Review*, May 2013）で使用した形式だ．本書では，これと似た設問を使ったが，回答を 5 段階評価に変更した．本章でも，他の章でも，回答についてコメントをしているが，3 つのタイプに分けた回答のすべてから概括的に法則を引き出している．報告にあるとおり，夢の組織（DREAMS）の原則のいくつかは，通常はより肯定的な反応を引き出す．しかし，一般的に，「強い」または「肯定的な」スコアでもおよそ 60 パーセントの満足度と同程度で，「あまり強くない」または「あまり肯定的でない」スコアは 30 から 40 パーセントの満足度と同程度であることが多い．したがって，スコアの合計が 18 を下回れば（5 ポイントのスケールの設問が 5 つなので，平均では 3 以下），相当に改善の余地があることを示唆している．
12. フィリップ・ディリーは 2009 ～ 2014 年にアラップ・グループの会長を務めた．現在はアラップ社の理事である．

第 2 章

1. この部分に引用した BP の原油流出の詳細の出典は以下のとおり．S. Elizabeth Birnbaum and Jacqueline Savitz, "The Deepwater Horizon Threat," *New York Times*, April 17, 2014; http://en.wikipedia.org/wiki/Reactions_to_the_Deepwater_Horizon_oil_spill.

注

序章

1. アメリカを拠点とする調査組織「カタリスト」による2012年5月の報告書によると，アメリカの労働力は現在4世代にわたっている．Catalyst, *Catalyst Quick Take: Generations in the Workplace in the United States and Canada* (New York: Catalyst, 2012).
2. この調査は，42の国と地域の4万人の雇用主を対象に実施された．ManpowerGroup, "2013 Talent Shortage Survey," http://www.manpowergroup.com/wps/wcm/connect/587d2b45-c47a-4647-a7c1-e7a74f68fb85/2013_Talent_Shortage_Survey_Results_US_high+res.pdf?MOD=AJPERES.
3. Rob Goffee and Gareth Jones, *Why Should Anyone Be Led by You?* (Boston: Harvard Business School Press, 2006).（『なぜ，あなたがリーダーなのか？』ロバート・ゴーフィー，ガレス・ジョーンズ著，アーサー・D・リトル（ジャパン）訳，英治出版，2007年）
4. Patrick Hosking, "The 'Yes' Men at HSBC Mislay Their Moral Compass," *The Times* (London), November 26, 2014.
5. 同上
6. Circle Research, "Exploring the Shift in Employee Expectations," The Perspective Series, Circle Research with Vodafone UK, 2012; Stephen Sweet and Peter Meiskins, *Changing Contours of Work* (Los Angeles: Sage, 2013).
7. Francis Fukuyama, *The End of History and the Last Man* (New York: Free Press, 1992).（『歴史の終わり』フランシス・フクヤマ著，渡部昇一訳，三笠書房，2005年）
8. Erik Brynjolfsson and Andrew McAfee, *The Second Machine Age: Work, Progress, and Prosperity in a Time of Brilliant Technologies* (New York: W.W. Norton, 2014).（『ザ・セカンド・マシン・エイジ』エリック・ブリニョルフソン，アンドリュー・マカフィー著，村井章子訳，日経BP社，2015年）
9. Eric Schmidt and Jonathan Rosenberg, *How Google Works* (New York: Grand Central Publishing, 2014).（『How Google Works（ハウ・グーグル・ワークス）——私たちの働き方とマネジメント』エリック・シュミット，ジョナサン・ローゼンバーグ著，土方奈美訳，日本経済新聞出版社，2014年）
10. Richard Scase and Robert Goffee, *Reluctant Managers* (London: Routledge, 1989).
11. Rob Goffee and Gareth Jones, *Clever: Leading Your Smartest, Most Creative People* (Boston: Harvard Business Review Press, 2009), 168.
12. これは私たちが数年前に著書で述べたポイントで，さまざまな背景状況についてさまざまなカルチャーを説明する継続的な試みだった．Rob Goffee and Gareth Jones, *The Character of a Corporation* (New York: Collins, 1998).
13. Hay Group, "Employee Engagement Global Survey," 2012.
14. AON Hewitt, "2012 Trends in Global Employee Engagement," 2012.

第1章

1. Emile Durkheim, *The Division of Labour in Society* (New York: Free Press, 1984).（『社会分業論』E. デュルケーム著，田原音和訳，青木書店，2005年）

●著者紹介

ロブ・ゴーフィー

Rob Goffee

組織行動学の専門家。ロンドン・ビジネススクール名誉教授。組織コンサルティングを行うクリエイティブ・マネジメント・アソシエーツの共同設立者。前著の下敷きとなった論文「共感のリーダーシップ」でマッキンゼー賞（ハーバード・ビジネス・レビュー最優秀論文賞）を受賞。これまでネスレ、ユニリーバ、LVMH、ロシュ、アラップなど優良企業の幹部社員への研修を行ってきたほか、FTSE100 企業へのコンサルティングも行っている。ガレス・ジョーンズとの共著『なぜ、あなたがリーダーなのか』（英治出版）。

ガレス・ジョーンズ

Gareth Jones

組織行動学の専門家。IE ビジネススクール客員教授、ロンドン・ビジネススクール経営開発センターフェロー、INSEAD 客員教授。組織コンサルティングを行うクリエイティブ・マネジメント・アソシエーツの共同設立者。BBC やポリグラムで人材育成、組織開発に携わったのち現職。ロブ・ゴーフィーとともにリーダーシップ育成、組織開発の支援を行っている。

●訳者紹介

森由美子

Yumiko Mori

大阪外国語大学（現：大阪大学外国語学部）英語学科卒業。英国系の海運会社、航空会社に勤務したのち、産業翻訳者として独立。外資系企業での実務経験をベースに、ビジネス一般、環境・エネルギー、教育、PR・マーケティングなどの分野を専門とする。

●英治出版からのお知らせ

本書に関するご意見・ご感想を E-mail (editor@eijipress.co.jp) で受け付けています。
また、英治出版ではメールマガジン、ブログ、ツイッターなどで新刊情報やイベント情報を配信しております。ぜひ一度、アクセスしてみてください。

メールマガジン ： 会員登録はホームページにて
ブログ ： www.eijipress.co.jp/blog/
ツイッター ID ： @eijipress
フェイスブック ： www.facebook.com/eijipress

DREAM WORKPLACE（ドリーム・ワークプレイス）
だれもが「最高の自分」になれる組織をつくる

発行日 2016 年 12 月 19 日 第 1 版 第 1 刷

著者 ロブ・ゴーフィー、ガレス・ジョーンズ
訳者 森由美子（もり・ゆみこ）

発行人 原田英治
発行 英治出版株式会社
〒150-0022 東京都渋谷区恵比寿南 1-9-12 ピトレスクビル 4F
電話 03-5773-0193 FAX 03-5773-0194
http://www.eijipress.co.jp/
プロデューサー 下田理
スタッフ 原田涼子 高野達成 藤竹賢一郎 山下智也 鈴木美穂
田中三枝 山見玲加 安村侑希子 平野貴裕 上村悠也
山本有子 渡邊吏佐子 中西さおり
印刷・製本 大日本印刷株式会社
装丁 遠藤陽一（Design Workshop Jin, Inc.）
翻訳協力 株式会社トランネット www.trannet.co.jp
校正 株式会社ヴェリタ

Copyright © 2016 Eiji Press, Inc.
ISBN978-4-86276-235-1 C0034 Printed in Japan

本書の無断複写（コピー）は、著作権法上の例外を除き、著作権侵害となります。
乱丁・落丁本は着払いにてお送りください。お取り替えいたします。